发现文明

青海省基本建设考古重要发现

青海省文物考古研究所　编著

任晓燕　主编

文物出版社

封面设计：李　红
责任校对：赵　宁
器物摄影：孙之常
　　　　　王　伟
责任印制：张道奇
责任编辑：冯冬梅

图书在版编目（CIP）数据

再现文明：青海省基本建设考古重要发现 / 青海省文物
考古研究所编著.—北京：文物出版社，2013.6
　　ISBN 978-7-5010-3618-9

　　Ⅰ.①再…　Ⅱ.①青…　Ⅲ.①考古发现—青海省—图录
Ⅳ.①K872.440.2

　　中国版本图书馆CIP数据核字（2012）第279914号

再现文明——青海省基本建设考古重要发现
青海省文物考古研究所　编著
任晓燕　主编

文物出版社出版发行
（北京东直门内北小街2号楼　　100007）
http://www.wenwu.com
E-mail:web@wenwu.com
北京鹏润伟业印刷有限公司印刷
新华书店经销
开本：889×1194　1/16　印张：12.75
2013年6月第1版　2013年6月第1次印刷
ISBN 978-7-5010-3618-9
定价：180.00元

《再现文明——青海省基本建设考古重要发现》编辑委员会

主　编：任晓燕

副主编：贾鸿键　肖永明　乔　虹　王倩倩

撰　文：卢耀光　任晓燕　王国道　陈海清　吴　平　李国林

　　　　肖永明　乔　虹　胡晓军　王忠信　闫　璘　蔡林海

　　　　王倩倩　崔兆年　孙小妹　许显城　陈　荣

绘　图：刘　林

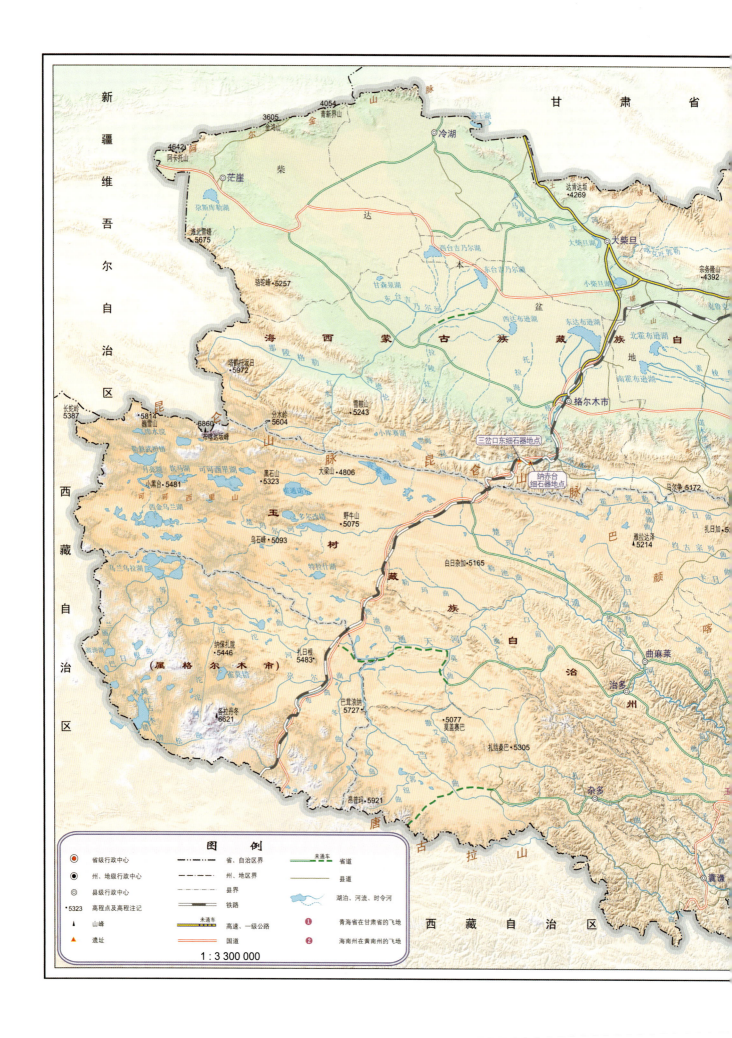

新疆维吾尔自治区

甘肃省

冷湖

4054
青新界山
3605
金
山
脉

4642 阿
阿卡托山

茫崖

柴

达
达坂坂
4269

大柴旦

苏干湖

阿兹库勒湖

骆驼峰·5257

海
西
蒙
古
族
藏
族
自

本

西台吉乃尔湖

东台吉乃尔湖

甘森泉湖

盆

小柴旦湖

北霍布逊湖

宗务隆山
·4392

淮北雪峰
5675

塔鹤托坂日
·5972

那陵格勒

红
水
河

雪鞍山
·5243

西达布逊湖

东达布逊湖

南霍布逊湖

地

格尔木市

长蛇岭
5387

5814
魏雪山

6860

昆

布喀达坂峰

黑石山
·5323

分水岭
·5604

山
脉

昆
仑
山
脉

三岔口东细石器地点

纳赤台
细石器地点

马尔争 5172

西藏自治区

勒斜武担错

月亮湖

库木库里湖

可可西里湖

大梁山·4806

小库赛湖

巴
颜

雅鲁达泽
·5214

扎日加

小黑台·5481

可
可

西金乌兰湖

西
里
山

野牛山
·5075

玉

多尔改错

乌石峰·5093

树

白日杂加·5165

喀

特拉什湖

曲麻莱

乌兰乌拉湖

藏

族

治多

纳保扎陇
·5446

扎日根
5483

自

州

备拉丹冬
6621

属格尔木市

巴茸浪纳
5727

·5077

莫盖赛巴

扎结桑巴·5305

杂多

昂普玛·5921

唐

古

拉

山

囊谦

西
藏
自
治
区

图 例

⊙ 省级行政中心	省、自治区界	未通车 省道
◉ 州、地级行政中心	州、地区界	县道
◎ 县级行政中心	县界	
·5323 高程点及高程注记	铁路	湖泊、河流、时令河
▲ 山峰	未通车	① 青海省在甘肃省的飞地
▲ 遗址	高速、一级公路	② 海南州在黄南州的飞地
	国道	

1 : 3 300 000

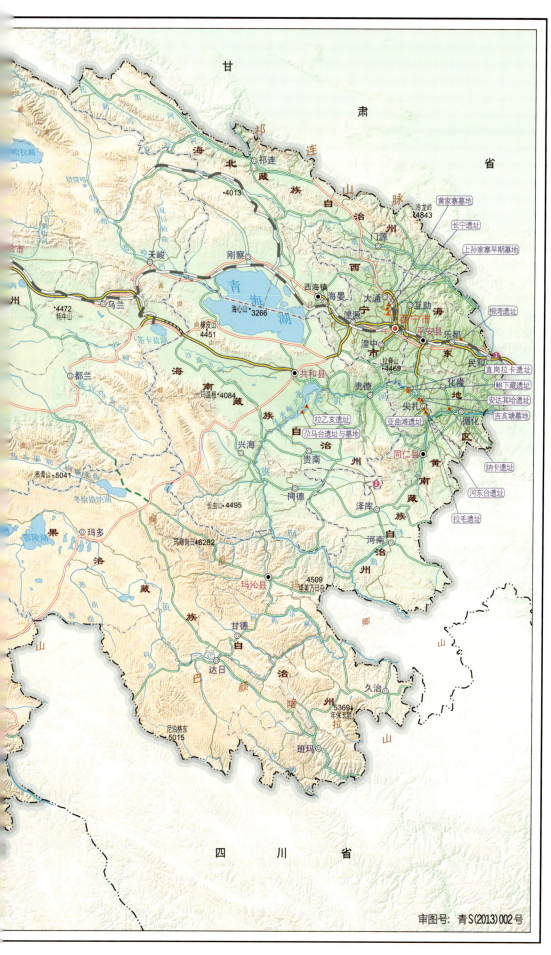

甘　肃　省

哈拉湖

祁连

海　北　藏　族　自　治　州

•4013

门源

冷龙岭
•4843

黄家寨墓地

长宁遗址

上孙家寨早期墓地

天峻

刚察

西海镇

海晏

大通

互助

西宁市

海

柳湾遗址

乌兰
•4472
牦牛山

青　海　湖

海心山
•3266

西河

湟源

湟中

平安县

乐都

东

民和

直岗拉卡遗址

鲍下藏遗址

安达其哈遗址

吉亥塘墓地

都兰

橡皮山
4451

茶卡盐湖

海　南　藏　族

玛温根•4084

共和县

贵德

拉脊山
•4469

尖扎

化隆

地

区

循化

拉乙亥遗址

尕马台遗址与墓地

亚曲滩遗址

纳卡遗址

布青山•5041

兴海

自　治　州

贵南

同德

同仁县

黄

南

藏

族

泽库

河南
蒙
古
族
自
治
州

河东台遗址

拉毛遗址

玛多

鄂陵湖

果
洛
藏
族

玛卿岗日•6282

玛沁县

4509
莪莱乃日冬

甘德

久治
5369
年保玉则

长虫山•4495

巴
颜
喀
拉
山

达日

班玛

尼治格东
5015

四　川　省

审图号：青S(2013)002号

青海省基本建设考古史前时
期重要发掘地点分布示意图

新疆维吾尔自治区

甘肃省

4054 青新界山
3605 金鸿山 金
阿尔 尔
4642 阿卡托山
芒崖

冷湖

达肯大坂 4269
马海
鱼卡
大柴旦湖 大柴旦
小柴旦湖

宗务隆山 4392

淮北雪峰 5675

柴

达

本

盆

锡铁山

海

骆驼峰·5257

西

蒙

古

族

藏

族

自

治

西台吉乃尔湖
甘森泉湖
东台吉乃尔湖

东台吉乃尔河

西达布逊湖

东达布逊湖
北霍布逊湖

马尔争 5172

那陵格勒

塔鹤托板日 5972

红

水

河

雪峰山 5243

小库赛湖

南霍布逊湖

格尔木市

长蛇岭 5387

昆

鑫雪山 5814
库水沇

6860 布喀达坂峰

可

分水岭 5604

脉

昆

仑

山

脉

勒斜武担错
月亮湖 饮马湖
小黑台 5481
可可西里湖

黑石山 5323
大梁山·4806

野牛山 5075

扎日加 52

雅拉达泽 5214

巴

颜

喀

约古宗列曲

可
西金乌兰湖

可 西 里 山

玉

乌石峰·5093

楚玛尔河

特拉什湖

白日杂加 5165

勒

池

曲

通

玛

曲

喀

拉

乌兰乌拉湖

树

西
藏

藏

族

曲麻莱

纳保扎陇 5446

沱

沱

河

扎日根 5483

自

治

治多
州

自

（属格尔木市）

崔莫错

沱

沱

河

巴莨浪纳 5727

5077 莫盖赛巴

扎结桑巴 5305

治

各拉丹冬 6621

当

曲

当

曲

杂多

区

易普玛 5921

通 天 河

郭

纽

治

区

玉

囊谦

唐

古

拉

山

西 藏 自 治 区

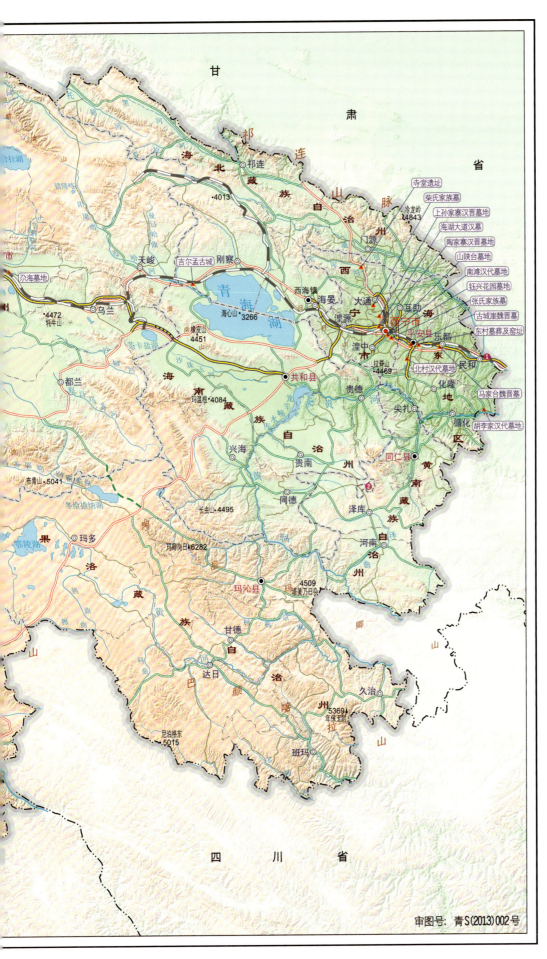

寺堂遗址
柴氏家族墓
上孙家寨汉晋墓地
海湖大道汉墓
陶家寨汉晋墓地
山陕台墓地
南滩汉代墓地
钰兴花园墓地
张氏家族墓
古城崖魏晋墓
东村墓葬及窑址
马家台魏晋墓
胡李家汉代墓地
北村汉代墓地

甘　肃　省

祁　连　山　脉

祁连北藏族自治州

西　宁　市

海　北　藏　族　自　治　州

海　南　藏　族　自　治　州

黄　南　藏　族　自　治　州

果　洛　藏　族　自　治　州

四　川　省

青　海　湖

审图号：青S(2013)002号

青海省基本建设考古历史时
期重要发掘地点分布示意图

目 录

前　言

　　基本建设考古工作，是对基本建设工程范围内地上地下文物实施抢救性调查、勘探、发掘、研究和对文物施行保护的工作。青海省基本建设考古工作在 20 世纪 50 至 70 年代中期，配合大型水库与国家铁路工程建设仅做了一些初步的调查工作。重要的基本建设考古发掘工作始于 20 世纪 70 年代中期，1973 年青海省物资局仓库扩建，为配合此项基建工程在施工区域内首次开展了较大范围的考古发掘，由此拉开了青海境内基本建设考古发掘工作的序幕。本世纪以来，随着西部大开发的推进，基本建设考古遇到了前所未有的挑战与机遇。1973 年至今已走过了近 40 年，青海考古人在数十年的岁月里，以高度的责任心及使命感积极投入到青海境内各项国家级、省级大型基本建设和其他项目中，在"保护为主，抢救第一，加强管理，合理利用"文物工作方针的指导下，先后完成了黄河流域的龙羊峡、李家峡、公伯峡、拉西瓦、班多水电站，大通河黑泉等水库，青藏铁路、兰新高铁，高速公路，西宁地区城市建设，西宁周边开发区大批基本建设工程中的考古调查、勘探、发掘任务。

　　随着一座座水库的兴建，高速公路及铁路的延伸，多项开发区的落成及拔地而起的楼宇，从史前时期的文物遗存，到历史时期的遗迹遗物，一批批考古发现破土而出。大量考古发现填补了青海考古的多处空白，丰富了青藏高原东麓的历史文化内涵，具有极为重要的科研价值。基建考古中重要考古发现所取得的重要科研成果，再现出大美青海过去的文明，留下了历史的记忆。基本建设考古工作既在服务青海经济社会发展中发挥了巨大的作用，也实现了文物保护与经济建设的双赢，同时亦有力地推动了考古研究的进程。

　　史前考古中，诸多重要的发现丰富了史前文化的内涵，为青藏高原史前人类的互动及文化交流等课题的研究提供了一笔极有价值的资料。

　　中石器时代，共和盆地中部距今 6700 年拉乙亥遗址的发现，研究表明是青海中石器时代的重要遗址，也有学者认为这处遗址应归属新石器时代中期，但不论何种归属，拉乙亥遗址是青海境内除旧石器地点外目前发掘年代最久远的一处遗址，它对于探讨青海乃至西北地区石器时代的文化发展史具有重要意义。在青藏铁路沿线昆仑山垭口处调查发现的纳赤台细石器地点及三岔口东细石器地点，进一步补充了中石器时期的考古资料。青藏铁路沿格尔木河至昆仑河一线是内地通往西藏的交通要道，由格尔木河西上至昆仑山垭口即进入青藏高原腹地，这里是一条重要的早期人类文明的传播路线。昆仑山垭口细石器地点的发现，证实了人类活动已涉足昆仑山北麓，丰富了该区域人类活动的证据，对研究青藏高原环境变化、古人类的适应生存过程及技术交流有一定意义。

新石器时代的安达其哈遗址、拉毛遗址、亚曲滩遗址、河东台遗址、尕马台遗址引人注目。

安达其哈遗址，是一处仰韶文化庙底沟时期的文化遗存，它的发现进一步扩大了庙底沟类型西进的分布范围。它对研究分布在青海东部的庙底沟时期的文化特征，提供了丰富的考古资料；对研究仰韶文化与马家窑文化两者之间关系，以及在仰韶文化庙底沟时期青海东部与周边的文化交流都有着非常重要的学术价值，同时对仰韶文化庙底沟类型的研究也是又一次重要突破。拉毛遗址丰富了马家窑类型的内涵。亚曲滩遗址、河东台遗址首次揭露出青海地区马家窑类型的房址，使人们直观地认识了解到黄河上游尖扎及化隆地区马家窑时期房址的建筑结构、营建特点，出土遗物也一一再现出马家窑文化早期先民的经济生产水平以及审美情趣。贵南尕马台新石器时代遗址文化特征以马家窑类型晚期特点为主体，并含有宗日文化的因素，这种特性的形成反映出了两种不同文化在共和盆地的相融碰撞，是探究这一地区多种文化的交融与互动的重要材料。

青铜时代一批重要遗址的发现，对建立青海地区青铜时代文化谱系，对探讨认识青藏高原青铜文化的特征与发展，高原生活习俗、产业模式，以及环境的变化给人类生存带来的影响等课题的研究都增添了重要的基础资料。

齐家文化是青铜时代早期文化，先后发掘的极为重要的地点有尕马台墓地、柳湾遗址、长宁遗址。尕马台齐家文化墓地，特殊的墓葬习俗，出土了迄今我国年代最早的饰有"七角形"纹饰的铜镜，都引起了学术界广泛的关注。这批发掘资料为深入研究齐家文化的分布区域、不同地区的文化特征、不同人群的埋葬习俗等学术问题，对探讨黄河上游早期青铜文化的起源与发展都是极有价值的实证材料。柳湾遗址，不仅提升了对马厂类型与齐家文化发展关系的新认识，而且在一定程度上弥补了当年只发掘了黄河上游最大的氏族墓地，却没有发掘遗址的缺憾。长宁遗址的发掘，坚持了课题研究与基本建设考古相结合，重视了课题意识，以探索齐家文化的经济形态及古环境这一课题为目标，将考古学与多学科相结合，发掘采集了遗址中所能发现的全部动物骨骼，收集了可以浮选的大量土样，从中获取了数量可观的植物遗存，并完成了植物孢粉的采集。在该遗址开展了有系统的植物与动物考古学研究。由此而获取的极为丰富的多元信息，不仅丰富了齐家文化的内涵，也为进一步认识与深入探讨这一地区齐家文化经济形态、生业模式、古生态环境等提供了科学依据及丰富的信息。

卡约文化是青海地区青铜文化中继齐家文化之后分布广泛的一支极为重要的土著文化。上孙家寨早期墓地，是青海湟水流域史前时期极为重要的一处墓地，墓葬数量多，文化类型丰富，延续时间长，对认识湟水流域新石器时代晚期及青铜时代文化面貌，诸文化之间的关系，对探讨青铜时代复杂而多样的文化发展格局的形成等都是一笔难得的材料，具有很高的学术价值。吉亥塘墓地，墓葬排列整齐，分布较密集，这批材料不仅丰富了卡约文化的内涵，而且也体现出不同地域的卡约文化在埋葬习俗及文化面貌上的差异性。鲍下藏遗址中，首次发现了卡约文化石砌房址，拓宽了对黄河上游卡约文化的居址类型、结构特点的新认识。

基本建设项目中，历史时期发现的汉代、魏晋墓葬数量众多，有等级不一的平民墓或贵族墓，各类墓葬的埋葬习俗与随葬品为汉代考古学研究增补了诸多新材料，亦为深入探索本地区这一时期的历史发展、民族构成、文化融合及经济状况都提供了重要的线索。

上孙家寨汉晋墓地，发掘墓葬 182 座，是青海境内发掘规模最大的一处汉代墓地，这批墓葬的分期研究，为青海东部地区西汉中期至魏晋初期的墓葬建立了极为重要的分期标尺。文化面貌的特点所反映出的多种民族因素，为认识了解青海东部地区两汉时期的文化因素、居民种族、民族融合、中西文化交流和经济发展水平等均提供了极其重要的研究佐证。陶家寨墓地发掘规模仅次于上孙家寨汉晋墓地，位于西宁城北，湟水谷地的中上游地区，在历史上是中原地区与边远少数民族地区的过渡地带，因而对该地古代居民种族、族属问题的研究具有十分重要的意义。对此墓地的研究亮点之一，是运用人口学、测量学、人种学、病理学和营养学等多种科学方法及手段，对陶家寨墓地古代居民的 378 例骨骼标本进行了综合性研究。研究结果反映出陶家寨居民属于同一种系的群体。其人种属于蒙古人种，且与现代蒙古人种中的东亚类型十分近似，而某些体质特征上的土著因素应与该地区青铜时代卡约文化居民最为相近，这或许是汉、羌融合的一种结果。此外，结合考古学、历史学、语言学等方面的研究资料可知，陶家寨汉晋时期墓地人群在汉、羌融合方面，表现出人种融合缓于文化融合的现象。胡李家汉代墓地，坐落在黄河谷地东端的民和盆地，其中 2 号墓中出土有成套的釉陶冥器多达 15 种，器类之多，种类丰富，较为罕见，是目前青海地区汉代墓葬中出土釉陶器最丰富的墓例。此外，该墓地中的另一重要发现是 1 号墓中的 3 具骨骼，经鉴定所表现的体质特征均为明显的欧洲人种，这是目前青海省首次发现的唯一的欧洲人种材料，也是迄今发现的在汉代及汉代以前位置最东的欧洲人种遗骸。它的发现填补了在欧洲人种东进认识问题上的空白，改变了人们对青海地区汉代社会的认识，意义非常深远。吉尔孟古城，从城址内出土的大量马骨和较多的铁蒺藜判断城址的用途应与军事有关。该城址为汉政权在西部青海湖地区较早的统治设施，对于再现这一时期青海西部汉政权的统治秩序有着重要的意义。

汉晋以后，其他时代的遗存发现数量较少，但也有一些学术价值较高的考古新发现。

西宁山陕台墓地及南山路钰兴花园墓地，新发现的三座十六国时期墓葬，增补了这一时期考古工作的空白。

尕海墓地，墓中的随葬品出土虽不多，但其墓中出土的丝绸残片，却不乏较高的研究价值，尤为重要的是1号墓中出土了一件较完整的上衣服饰，经初步处理发现这件上衣织物丝线中夹有片状金属线，编织精致，工艺新颖，为古代纺织品的工艺及纹饰的研究增补了实物佐证。

明代柴氏家族墓的清理发掘，弥补了青海地区明代考古空缺，墓葬等级较高，形制完整，丰富的随葬品，对深化认识青海地区明代的社会生活习俗、葬俗、舆服制度、官轶制度及服饰文化提供了重要的物质资料。出土了柴氏家族的四方墓志，内容完备，多处记述了柴氏三代生平事迹可补史之阙，具有较高的文献价值及历史研究价值，为研究明王朝对青海的管辖、戍边等问题提供了难得的文献资料。

回顾青海基本建设考古中重要成果的取得，得益于各级政府、青海省文物管理局高度重视基本建设中的文物保护工作，也得益于建设单位的依法办事、大力支持和积极配合。基本建设考古的重要发现与成果是青海考古人以"人一之我十之"的拼搏精神辛勤敬业的结果，从昆仑山口到河湟谷地曾留下了他们的足迹，也留住了历史的记忆。

本图录所呈现的青海基本建设考古重要成果，是对青海基本建设考古发掘工作的总结与回顾，并借以感谢所有曾给予考古工作支持及帮助的单位与个人！感谢为基本建设考古作出贡献的单位和个人！

展望未来，在举国上下全力推进社会主义文化大发展、大繁荣的时代中，青海考古工作者将继续努力求索，寻求新的发现与理论突破。面对"十二五"经济持续高速发展的新局面，青海考古人将一如既往在基本建设中确保文化遗产的安全，自觉地追寻和保护祖先留下的足迹，守护好历史文明的精神家园，共同努力开拓文化遗产事业繁荣发展新局面，使"文化遗产人人保护，保护成果人人共享"成为我们的共识与行动。

青海省文物考古研究所所长　任晓燕

2012 年 11 月

史前时期

贵南拉乙亥遗址

拉乙亥遗址位于海南藏族自治州贵南县拉乙亥乡，属共和盆地中部，黄河上游的南岸。遗址埋藏在黄河二级阶地的地层中，海拔2580米。

为配合龙羊峡水电站工程，1980年夏天，电站工程正在建设，库区文物调查与清理进入后期收尾阶段。为保证库区文物保护工作圆满结束，当时青海省文物考古队组织了古生物与旧石器时代专项考古调查，在这次调查中，拉乙亥遗址被发现，随后立即组织了发掘。根据调查，在长达10公里的范围内，在同一地层中发现文化特征相同的遗存6处。后来，对其中的8021地点进行了全面清理，对8022、8023地点组织了试掘，发掘面积共约900平方米。发掘领队王国道，工作人员刘国宁、陈得成。

根据发掘，拉乙亥遗址（8021地点）文化层上面堆积有1～5米不等的土层，土层相间有厚薄不等的水平层理，它们是经过长期自然形成的。自然堆积下面的文化层很厚，最厚层位2.5米以上，文化堆积层中揭露出数十座人类活动的炉灶遗迹。出土石、骨、动物骨骼等遗物3000余件。

拉乙亥遗址未发现居住的房址等遗迹，却见有大量炉灶残迹。炉灶底部稍经人工修整，有的凹入，呈锅底状；有的边缘下切直立，近正方形，切边不足10厘米。据此推测，它们应是当时人类短期活动的遗留。

拉乙亥遗址区残留的三级台地

遗址原貌

发掘现场

拉乙亥遗址的出土文物中以人工打制石器居多，除少量研磨器外，石器中又分普通打制石器和细石器两类。普通打制石器有大石核、石片、石锤、砍砸器、凹刃刮削器、单边直刃刮削器、雕刻器、砥石、染色板等；细石器有各类细石核、细石叶、长身圆头刮削器、短身圆头刮削器等；另外还有骨锥、骨针、石珠、赭石、动物骨骼等遗物出土。

砍砸器：砾石原材料，一面为石片疤痕面，另一面保留砾石面。修整从石片疤痕面向砾石面进行，石片疤痕细小密集。

拉乙亥遗址中出土的细石核数量大，种类多，

根据形制可分为楔状石核、半楔状石核、舌状石核、柱状石核、锥状石核、半锥状石核、扁锥状石核等。它们主要用于剥取细石叶，是细石叶剥离过程中的不同形态，也是细石器文化的代表性器形之一。

凹刃刮削器：用石片原材料制成，在一侧连续打击，修整出凹刃。

直刃刮削器：利用石片原材料，在一侧边修整出直刃。

圆头刮削器：利用石片原材料，在石片的一端从破裂面向背面加工，修整出一个圆弧刃。

研磨器和研磨棒：研磨器大而扁平，研磨棒

研磨器、研磨棒

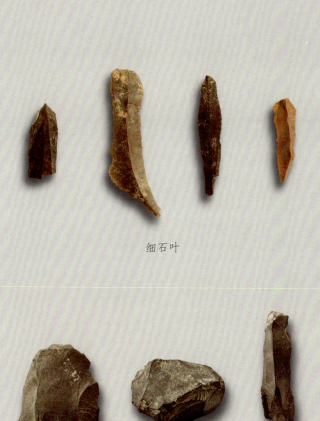

细石叶 舌状石核

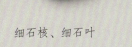

细石核、细石叶 半楔状石核

刮削器 石核 锥状石核

细石核、凹刃刮削器 锥状石核

动物骨骼

呈长椭圆形，均为砾石原材料制成。经长期使用，研磨器凹入，似船形，研磨棒的侧面也被磨平。这种器物主要用于加工植物种子、砸碎坚果等，是磨盘的原始形态。

砾石：扁平紫色砂岩，形状不规则，在平面上纵向划磨，遗留纵向浅槽，应该是磨制骨器等工具时形成的。

骨锥：用小动物长骨制成，锥尖磨制，其余保留原骨面和骨关节面。

骨针：骨制，长而细，针尖锐利，针眼两面磨平后穿孔。

动物骨骼：和文化遗物同时出土的还有一些动物骨骼，种属有野鸡、鼠兔、旱獭、狐狸、羊等，它们是当时人们食物来源的重要组成部分。

根据田野考古资料，拉乙亥遗址出土的石器几乎全为打制，很少见到磨制石器，细石器材料非常丰富，代表了拉乙亥遗址的主要文化特征，相对而言，这些特征表明该遗址的文化面貌比较原始，它们具有旧石器文化的深刻烙印。另外，遗址中也发现有少量用于装饰的石珠，系磨制而成，石器中也有作为加工植物种子的研磨器，它们又代表了新的文化因素的存在。遗址中发现的动物骨骼为全新世物种。综合各方面特征，应该认为拉乙亥遗址的文化属性处在中石器时代发展阶段，它对于探讨青海乃至西北地区石器时代的文化发展史具有重要意义。

拉乙亥遗址中没有发现长期定居的房址遗迹，仅清理出大量炉灶遗迹。这种炉灶遗迹，应该不是当时人们长期活动的遗留，而具有短期使用的性质。遗址的文化堆积层很厚，又反映了同一遗址经历过长期使用。据此，我们推测根据高原环境、气候特点，当时的人们每年季节性地在这一地区活动，其生产生活方式为短期存在，长期使用。即人们在一年的固定季节进入这一地区，进行劳动生产和生活，季节结束就相继离开，年复一年，周而复始，从而形成了数米厚的文化堆积。

拉乙亥遗址所在高程区按原来设计规划，属于龙羊峡水库侵蚀区，近年水库容量大增，调查遗址所属的二级台地被全部淹没，连台地上的村落树林也见不到踪影。拉乙亥遗址的资料是全新的，它使我们从一个侧面了解了中石器时代人们的生产和生活方式。遗址的发现，填补了青海石器时代文化发展的空白，也丰富了我国中石器时代文化研究的内容，其意义是显而易见的。

撰文：王国道

格尔木纳赤台细石器地点

纳赤台细石器地点地处昆仑山北麓的河谷地带，位于昆仑河南岸一级阶地，海拔 3594 米，昆仑河自西向东从石器所在阶地北侧流过，是以雪山融水为主要补给的常年流水河流。石器地点东北约 3.5 公里的河对岸为纳赤台公路养护段。其附近相邻的昆仑河南岸三处地点都有零星细石器发现，以本台地最为集中，可作为这一地点的典型代表。该台地平面呈舌形，南高北低，阶地北部高出现代河床 14 米，南部高出现代河床 23 米。台地基部为大型砾石粗砂层，厚 4 ~ 6 米，上部为冲积扇堆积。

为配合青藏铁路格尔木至拉萨段的建设项目，在青海省文物管理局的组织下，青海省文物考古研究所于 2002 年 5 ~ 6 月对铁路建设沿线进行了文物调查。根据调查结果，决定对"纳赤台积石遗迹"进行考古发掘。2003 年 9 月 10 日开始对"纳赤台积石遗迹"进行发掘，先后布

10 米 ×10 米的探方 6 个，在发掘过程中发现地表存在细石器，于是改变发掘方法，在地表细石器分布较多的区域布 1 米 ×1 米的探方 64 个进行试掘，对地表的石制品进行采集，对地表以下 0.1 米厚的表土进行了筛选，取得了一批石制品，并对纳赤台细石器地点附近的昆仑河南岸三处地点的石制品进行了采集。本次采集、试掘工作于 2003 年 10 月 3 日结束。发掘领队刘宝山，参加人员有青海省文物考古研究所肖永明、胡晓军、刘小强以及格尔木市文博馆马德奇。

石制品所在台地地表植被稀疏，硅质岩、流纹岩、砾石块及砾石片随处可见。由于温差、风蚀等自然侵蚀的原因，劈裂面大多漫漶不清，作为加工石器的原料大多来自人工采集阶地北侧的昆仑河河床。细石器分布比较集中于台地南部中间的地表，面积约 600 平方米的范围内最为集中，为原生堆积，清理完包含细石器的表土层后并未

纳赤台细石器加工场地理环境

发现灰烬、木炭、灰坑等其他与人类生活有关的遗迹现象，说明这里只是一处细石器加工场所。

采集和试掘出土的文化遗物均为石器，未见有磨制痕迹者，亦未发现任何陶片。石器中石质有硅质岩、石英岩、玉髓岩、蛋白石岩、流纹岩、沉凝灰岩、水晶等。试掘出土及地表采集石片、石叶、石核、刮削器、尖状器等各类细石器标本100余件。

石片：约占细石器总量的80%，原料以石英岩为主，硅质岩较少。由于原料的不同，石片的形状、大小和加工方法及制作动机有较大的差异，依据原料的不同可分为两类。硅质岩、流纹岩及沉凝灰岩石片台面多进行过修理，石片角约90°，有集中打击点和较凸的半锥体，石片薄而宽，近端较厚。石片宽多2～5厘米。为直接锤击法加工而成，成形较好者进行二次加工使之成为刮削器。其主要目的是用来加工刮削器，其次是在修正台面或加工尖状器等几何形细石器过程中产生的废弃物。石英岩、蛋白石岩及玉髓岩石片一般都比较细小，多数石片细而长，以长三角形居多，台面小，有修理痕迹，打击点散漫，背面有一条或两条纵脊，横断面呈三角形或梯形。石片长在1厘米之内。通过击棒法间接打击而成。由于硬度较大主要用它们来加工细石叶，石片多

是在加工细石叶过程中修整石核或由于压制出不理想的细石叶而废弃所产生的。

石核：石核是产生石片、石叶等石器的母体，分为大型石核和小型石核。大型石核多以硅质岩为原料，多为单台面石核，有锤击法打击的石片印痕。细石核仅采集到两件，一件为紫红色流纹岩，为龟背状石核；一件为水晶，为柱状石核，两件均有压剥石叶的痕迹。

石叶：数量较多，多为石英岩或蛋白石岩，长方形，薄而长，两侧近平行，台面小，背面有一条或两条纵脊，横断面呈三角形或梯形。压剥法制成。石叶一般镶嵌于骨柄或木柄上，成为骨刀或木刀的刃缘，用于切割皮肉，有的比金属工具还要锋利。

刮削器：以硅质岩和流纹岩为主，可分为凸刃刮削器、双边直刃刮削器、单边直刃刮削器和圆头刮削器。以凸刃刮削器为主，这种刮削器是将锤击石片的远端沿劈裂面向背面二次加工而成，形状呈扇形，近端较厚。刮削器主要用来切割、刮削。

尖状器：1件，沉凝灰岩，三棱锥状，是将一块石核沿同一台面经三次锤击而成。尖状器主要用于剔挑肉筋和切割兽皮。

纳赤台细石器存在于地表，没有地层叠压关

石片、尖状器

龟背状石核

柱状石核

系，缺乏可以直接断代的标本，只能借助于地质地貌及气候因素给予这批石器的年代以合理的推测。北京大学地理系曾在纳赤台二级阶地的黄土层中发现碳屑，据碳十四测定推断二级阶地的形成年代为距今14000年，纳赤台细石器加工场位于一级阶地，由于是冲积扇堆积，其形成年代应晚于二级阶地。另外气候资料研究表明青藏高原在距今14000～10000年间为末次冰消期，气候比现在还要寒冷干旱，当时青海湖湖面可能较现代为低，湖面较现代为小。显然这期间人类是不适合在海拔3000多米寒冷干燥（根据研究14000-10000年前的晚更新世末期，青藏高原比现代低约300米）纳赤台地区活动的，而全新世大暖期（距今8000～4000年）的到来是人类在纳赤台活动的前提条件，昆仑山小南川口附近地层内的孢粉分析表明大暖期末期该地生长有云杉、杨柳、栎、桦、落叶松等树木，气候是较温暖湿润的。纳赤台细石器加工场下层为冲沟及洪积层堆积，说明当时降水较为多，指示细石器加工场是进入暖期（距今8000年）以后形成的。

纳赤台细石器以细石叶和刮削器为主，没有发现陶器和磨光石器。将其与附近三岔口四级阶地、小柴旦、拉乙亥、达玉台等地的石器遗存进行类型学上的比较。纳赤台细石器的特点是细石叶、细石片数量多。实用器以细石叶和刮削器为主，石叶多为石英岩及蛋白石岩，刮削器多为硅质岩、流纹岩，刮削器中以凸刃刮削器为主。石核多为圆体石核。加工方法以击棒法与压剥法较为流行。这些特点与拉乙亥（距今约6700年）、达玉台及西藏曲扎、双湖的细石器较为相似，估计与其年代差距不远，但明显晚于小柴旦（距今约30000年）及三岔口四级阶地（距今约30000年）的旧石器晚期遗存。

以细石叶、刮削器为代表器形的细石器产生于旧石器时代晚期，盛行于中石器时代，以后一

刮削器

刮削器

细石叶

直沿用至新石器时代。边远地区如东北、西藏及甘青地区，甚至到商周时期还在使用。细石器所代表的是以狩猎为主，渔猎或采集为辅，农业经济尚不发达的经济生活，通常与草原文化相匹配。

撰文：肖永明

格尔木三岔口东细石器地点

三岔口东细石器地点位于格尔木市西约 105 公里处,与三岔口细石器地点隔河相望。石器点处于雪水河北岸的第二台地上,海拔 3720 米。该台地平面呈舌形,台地东西最长 2000、南北最宽约 800 米,细石器点分布面积大约 8000 平方米。该石器点地势呈北高南低的冲积扇形,台地高出雪水河约 30 米。地表植被稀疏,多为骆驼草,沙化严重,高低不平。地表散布有少量的细石器,北为大山,南 100 米为青藏铁路和青藏公路,该细石器点周边是无人区。

2002 年为配合青藏铁路建设,青海省文物考古研究所于 6 ~ 7 月对格尔木市以西至唐古拉山以东的铁路沿线范围区域内进行了大面积的考古调查与小规模的考古试掘工作。2004 年 6 月青海省文物考古研究所,在海西州博物馆与格尔木市文化局的配合下,对三岔口东细石器点进行了试掘及专项调查。

调查中在遗址范围内的地表上发现了用石头垒砌的环形石圈,石圈直径 120、高 10 ~ 25 厘米。在环形石圈内和周边采集到少量的打制石器,如细石叶等,石圈可能与石器加工场所有关联。

地表采集石器约 170 余件。石质主要有硅质岩、石英岩、水晶石、玉髓岩、蛋白石岩、燧石、流纹岩、沉凝灰岩。经青海省地质调查院对石器的岩性鉴定,用于打制石器的石料主要来源于遗址周围地区的本地石料。

石器种类有石核、石片、刮削器、细石叶、尖状器五类。其中石片类的石器数量最多,约 90 余件;其次是细石叶,共 54 件;其余为刮削器 15 件、石核 10 件及尖状器 1 件。

石片:采用锤击法和砸击法剥离打片,石片宽多为 2 ~ 5 厘米。石片的特点与 2003 年在纳赤台所发掘石片特点相近。

刮削器:用于刮净兽皮制作衣服或切割兽肉

三岔口东石器地点地理环境

的一种石器工具。一般以凸刃刮削器为主，二次加工而成，多为扇形，近端较厚。

石叶：以硅质岩、水晶石、燧石为主。石叶采集数量较多，多为长条形。石叶一般长 2 ~ 5 厘米，宽窄不一，两侧近平行，有小台面，背部有一至两条剥离时产生的纵脊，横断面呈三角形或梯形，剥离方式多为压剥法。有的石叶有内弯特征，可能采用了软锤技术。从石核上剥离下的长条形的石叶，一般用于镶嵌，为各种复合工具提供镶嵌的刃缘。

石核：可分为大石核和小石核。石核的加工技术以砸击法为主。经过修整的石核台面可分主次台面，再在台面上加工石叶。也有利用自然石的台面进行加工石器的石核。石核类型主要有扁状形、圆锥形、半锥形、柱形等。石核的石质一般有硅质岩、石英岩、玉髓岩、蛋白石岩、流纹岩、沉凝灰岩等。

尖状器：仅 1 件，石质为石英岩，呈三棱锥

细石叶

石核

环形石圈

细石叶

状，台面经多次锤击而成。

通过分析本次采集石器的制作方法，石叶的加工技术主要是间接打片法和压剥法两种。这种石叶一般长而窄、两侧近平行。石叶中有3件呈内弯形，说明采用软锤加工技术，与西藏藏南地区仲巴县城北的石器点的内弯形有共同之处，细石叶的加工手法有了较大的进步，石器加工技术已比较成熟。石核的加工技术以砸击法为主，在地表能够采集到较多打制石器，说明这里可能是一处石器加工点。

格尔木三岔口东石器地点所采集的这批细石器没有地层堆积，故无法提供断代依据。从打制石器的形制上分析，可能受华北地区打制石器的影响。从地理环境和自然气候的特征来看，三岔口东石器地点打制细石器时代不会早于末次冰消期（16000～11500年），大致年代应该在全新世大暖期（距今8000～4000年）。格尔木三岔口东石器地点与纳赤台细石器点所处地域相同，石器形制基本相类同，推测年代有可能大致相同。总之这批打制石器为研究昆仑山口地区的古代人类活动分布和环境的变迁提供了重要资料，同时也证实了人类活动已涉足到这一高海拔地区，为研究人类如何征服青藏高原提供了新的实证资料。

撰文：胡晓军　陈海清

化隆安达其哈遗址

安达其哈遗址位于黄河上游的化隆回族自治县群科镇安达其哈村西，北临伊沙尔沟，西边是黄河，海拔2030米。遗址总面积约2.4万平方米，县级重点文物保护单位。为配合公伯峡水电站的施工建设，青海省文物考古研究所于2003年组队对库区内的安达其哈遗址进行了抢救性发掘，领队王国道，发掘人员有乔虹、张长寿，技工刘林、闫启新。

发掘点位于遗址区的西部，分Ⅰ、Ⅱ两个区。Ⅰ区开5米×5米的探方10个，Ⅱ区开5米×5米的探方8个。共发现新石器时代庙底沟时期的房址19座、灶坑6个、灰坑30个、窑址2个等文化遗存及丰富的文化遗物。

房址有半地穴建筑和地面建筑两种形式，在地层上略有早晚之分。大多数房址破坏严重。F19平面略为圆形，直径约2.8、深0.2米。被F18和Y2打破，具体范围不清楚，在房址中部有两个圆形柱洞，内填碎陶片和红烧土块。F19四周有一圈基槽，直壁平底。宽约0.2～0.3、深

0.2～0.4米，基槽内土质结构较疏松。基槽西部有4个小柱洞，圆形，大小基本相同，直径为0.08、残深0.1米，直壁圜底。F19东南部发现一个门道，方向为60°，宽约0.98米，门道向外的形状及范围不清楚。门道左侧有一个柱洞。F19直接建于生土层上，从地层上判断，应为早期的遗存。

Z2平面略呈圆形，总长1.75、最宽0.9、深0.22～0.45米。分为火道、火膛及存火罐三部分。火道长方形，低于灶膛，长0.8、宽0.25～0.38、深0.3米，其上方有两块用于压火或搁置什物的长石块。火膛平面略呈圆形，外圈直径约0.9、内圈直径约0.8米，内圈为使用后修整所致。圜形灶底，有红烧土硬面，厚约0.06米，灶底基部厚约0.1米。灶膛四壁因在使用过程中烧烤而坚硬，弧壁圜底。灶后部一前一后放置两个饰绳纹的夹砂罐，口沿朝向灶膛，罐底不通，内有碎陶片和白色的灰烬，推测应为存火罐。

灰坑平面呈圆形、椭圆形及不规则形等。H2平面略呈圆形，直径约2.5、深0.45～0.8米。

遗址远景

青海省文化厅领导考察发掘现场

共分三层，第①层厚约 0.25 米，黄褐色土夹杂少量的黑色炭灰和白色草灰；第②层厚约 0.25 米，较第①层草灰含量增大；第③层厚约 0.08 ~ 0.3 米，浅黄褐色土，草灰含量减少。底部凹凸不平，似开挖过程中突然停止，东部一半尚未完工，西部深。四周坑壁留有挖掘工具的痕迹，可分辨出三种工具，其中两种较宽，为平刃；另一种较窄，为尖刃。距坑口深约 0.55 米处有一小台阶，铺有一层细沙。从灰坑的形状分析，可能是一处废弃的未完工的半地穴式房址或烧制陶器的取土坑，而后作灰坑使用。

Y2 平面呈圆角方形，长 1.5、宽 1.4、深 1.18 ~ 1.22 米。烧烤面长 1.3、宽 1.2 米。壁稍外斜，平底。从火膛口向后，窑面两侧有两条烟道，在窑后汇合斜向地下，口大底小，呈梯形。Y2 的烟道出口呈椭圆形，壁加工很好，略外斜，平底。Y2 的周围有一个深 0.28 ~ 0.31 米的凹槽。火膛

口开在 Y2 的西面，平面为近圆形，长 0.7、宽 0.52 米。Y2 的西部有个门道，方向为 260°，用来烧火。门道平面为长方形，长 0.9、宽 0.66、深 0.28 米。

出土的陶片数量极为丰富，以夹砂陶为主，陶色多为红褐色，也有一定数量的黄褐色和灰褐色。制法主要是泥条圈筑法，也有少量盘筑法。多数器形较为规整，大部分陶器运用慢轮技术进行修整，泥质陶器多进行磨光。发现有小陶器，均为手制，器形不甚规整，制作较粗糙。纹饰以绳纹最多，另有附加堆纹、网格纹、弦纹等，拍打、滚压、压印方法并存，以拍打为主。主要器形是罐、盆、缸等。还有一定数量的彩陶，施黑彩，图案有弧线纹、圆点纹、弧线三角纹、垂帐纹及方格纹等。陶器多为平底器，偶见凹底器。主要器形是罐、钵、盆等。除上述陶器外，以陶环数量最多，另有纺轮、陶饰、人面陶像以及陶刀等。

发掘现场

通体饰斜绳纹，具有典型的庙底沟类型特点。曲腹盆与钵，夹砂罐与盆的宽沿，均与庙底沟类型特点接近。出土的彩陶片，施黑彩。图案以连弧纹为主题花纹，间以圆点纹或三角纹。这些图案更接近庙底沟类型，与马家窑文化有一定区别。

石器以打制石器为主，细石器比例较高，磨制石器较少。细石器中，以石片居多，另有细石核、细石叶、刮削器等。细石器器形较规整，说明加工技术较成熟。除细石器外，还有其他打制石器及磨制石器，主要器形有砍砸器、斧、刀、锛、杵、凿、石环等。

骨器，牙、角器，共发现200多件，有刀、锥、镞、匕、针、簪、珠、环、鱼钩、兽角等。

安达其哈遗址地层堆积比较单一，主要是庙底沟时期的文化遗存。遗迹单位如房址，虽然保存得不太完整，但基本反映出地上和地下两种形式。年代上较早的房址以半地穴圆形居多，较晚的房址以地面长方形常见。房内大多有瓢形灶，个别灶还设有存火罐。尤为重要的发现是陶窑，属横穴窑，这是我国新石器时期常见的一种陶窑。出土遗物如陶器中的尖底瓶，小口、重唇，

安达其哈遗址出土的石器，尤其是较丰富的细石器，成为该遗址的一个显著特点。发达的细石器工艺，说明在当时人们的生产方式中采集、狩猎与畜牧业占有相当比重，可能与当时的自然环境有很大关系。

仰韶文化庙底沟时期文化遗存，是目前青海省境内现存最早的新石器时代文化。安达其哈遗址，也是目前所发现分布在青海省最西的一处仰韶文化庙底沟时期的文化遗存。该遗址的发掘是青海省对仰韶文化庙底沟类型研究的又一次重要

Y2 全景

H28 出土彩陶盆口沿

Y2 出土彩陶盆口沿

T0101 ：⑤ a、F2、H27 等出土彩陶片

H2 出土陶钵

H18 出土陶杯

Z2 出土粗陶罐

T0211、F2、F10 出土尖底瓶残足

T0302 ⑤ a、F2 等出土尖底瓶口沿

H2 出土小陶人

H2 出土彩陶刀

Z4、F2 出土陶环

H27 出土陶刀

F13 出土锥状石核　　　　T0302⑤b 出土锥状石核

T0101⑤a、H2、H3 出土圆头刮削器

T0102⑤a 出土石刀

T0101⑤、T0102⑤a、T0103⑤a、H3 出土细石叶

T0101⑤a、T0102⑤a、T0103⑤a 出土石球

F17 出土骨簪、T0404⑤b 出土骨锥、　　　　　　　　　T0102⑤a 出土骨锥
H2 出土骨针、T0302⑤b 出土鱼钩

突破，纠正了人们以往认为仰韶文化庙底沟类型仅分布在青海东部民和县境内的传统认识，扩大了庙底沟类型在青海的分布范围。该遗址对研究仰韶文化，尤其是青海的庙底沟时期的文化特征，提供了丰富的考古资料；对研究青海地区新石器时代早期阶段的特点，特别是仰韶文化与马家窑文化两者之间关系，以及青海地区新石器时期与周边的文化交流都有着非常重要的学术价值。

撰文：乔虹

H22 出土鹿角

尖扎河东台遗址

河东台遗址位于尖扎县昂拉乡达拉卡村内的河东台上，地处黄河东岸第二台地，海拔 2002 米。遗址分布于台地西南角的前沿处，南接洪沟，西侧台下临黄河，台地东高西低，呈缓坡状，南北长 280、东西宽 150 米。

2004 年为配合国家重点项目公伯峡水电站的建设，青海省文物考古研究所在尖扎县文化馆的配合下，对公伯峡水电站淹没区内的河东台遗址进行了考古发掘。发掘工作执行领队孙鸣生，工作人员陈洪涛、孙小妹、尼玛太。

该遗址地层堆积较简单，仅两层：第一层为耕土层，厚 0.25 ~ 0.3 米；第二层为文化层，厚 0.2 ~ 0.25 米。遗址内共发掘房址 4 座、灰坑 7 个，发掘面积 800 平方米。因遗址受损严重，文化层浅薄，很多遗迹现象已不存在，发掘的 4 座房址，其中有 3 座房址地面均遭破坏。

房址 4 座，1 座平面呈长方形、3 座为圆形。

F1 平面为圆形，面积 40 平方米，门向南，地面已破坏。房址中部相并有 2 个圆形平底灶，灶底均抹有红胶泥，泥内掺杂有碎陶片。Z1，径长约 1 米，灶略残；Z2，径长约 1.2 米，保存完整。房址内外布有 10 个柱洞，1 号柱洞位于房址中部，为中心柱洞，径 0.5、深 0.1 米，内有柱顶石，扁石径长约 25 厘米，与 Z1 相距 0.4 米；3 号柱洞在门外南侧 1 米处，推测可能是擎檐柱，位于西侧与其相对的擎檐柱可能已破坏；4 号柱洞位于门道东侧，应属门柱洞，但不见与其相对的西侧门柱洞，可能已破坏；其余柱洞均分布在房子四周，属壁洞。该房址面积大，柱洞直径也大，一半的柱洞内有柱顶石。

F2 平面呈近方形，坐

F2 全景

北朝南，房门位于东南角，长 4.25、宽 3.75 米，残高约 0.05 米，面积约 14.8 平方米。房址中部有一直径 0.9、深 0.34 米的圆形平底灶，灶内涂抹有红胶泥。共有 7 个柱洞，除房子中部柱洞外，其余 6 个柱洞为壁洞，分置于房址南北两侧。房址内有大量的木炭渣和红烧土渣，地面烧成红色，出土有残陶钵、残石斧、石刀、砍砸器等。在门前南侧 1.8 米处有一三角形灶坑，边长约 1、深约 0.1 米。

F3 平面呈圆形，面积约 19.6 平方米。门向南，居住面已破坏。房址中部南北并列有 2 个圆形平底灶，Z1 径长 0.7 米，灶下层铺有一层 0.01 米厚的碎陶片，在陶片上抹有一层红胶泥；Z2 径长 1、深 0.25 米。柱洞 9 个，9 号柱洞为中心柱洞，位于房中与 Z1 相邻；1 号和 8 号柱洞为门柱洞，相距 1.25、径 0.6、深 0.5 米，柱洞内有大量木炭渣和少量碎陶片，门柱洞比其他柱洞径长洞深；其余壁柱洞均匀分置在房址周边，2 号柱洞直径 0.3 米，内有柱顶石；3 号柱洞直径 0.4、深 0.4 米，内有木炭渣；4、5 号柱洞内有碎陶片。

F4 平面呈圆形，门向西，面积约 37 平方米。房址中部有两个圆形灶，Z1 直径 0.8、深 0.3 米，平底，灶内涂抹红胶泥；Z2 直径 0.7 米，略残。

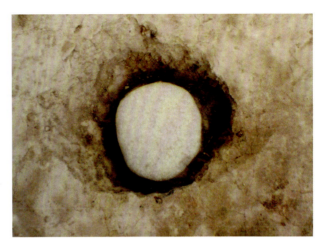

F4 中 9 号柱洞内的柱顶石

柱洞共 10 个，1 号和 8 号门柱洞相距 1 米，另房内有两个中心柱洞，其余壁柱洞布置在房址四周，柱洞内大多有柱顶石。

河东台遗址已发掘的 4 座房址受损严重，仅残存房址底部及柱洞，多数柱洞底有柱顶石，有些柱洞内填有大量的木炭渣及残陶片，这是防止柱根糟朽采取的一种防潮措施。在青海境内民和阳洼坡遗址，属仰韶文化晚期庙底沟文化遗存，

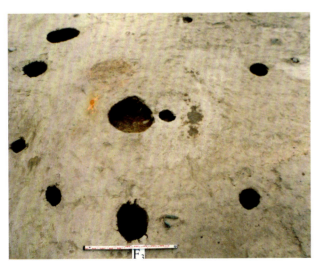

F3 全景

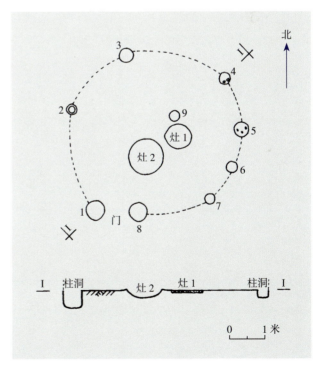

F3 平、剖面图

H1 出土彩陶瓶

H5 出土彩陶瓶

H5 出土彩陶瓶

T4 ②出土彩陶盆

H5 出土彩陶瓶

F2 出土彩陶钵

此遗址房址柱洞内是抹有一层红胶泥，然后用火烧，来达到防潮的目的，但这种防潮措施较河东台遗址采用的柱顶石防潮相对落后，费时费力。中国古建筑为防止柱根糟朽一般用柱顶石，新石器时代晚期的河东台遗址柱洞内使用了大量的柱顶石，在青海地区这种防潮技术应是最早的雏形。

灰坑共 7 个，大小及深度不等，平面呈圆形或椭圆形，均平底。分布在房子周围，灰坑内出土了大量的遗物，其中 H1 和 H6 较规整。H1 平面呈椭圆形，口径 2.3 ～ 2.6、底径 1.15、深 0.9 米，灰坑内出土有石锛、砍砸器、刮削器、石核、残石器、残陶甑、残彩陶罐等。H6 为袋状灰坑，口径 1.14、底径 1.56、深 1.64 米，坑内出土有陶环、石斧、石刀、砍砸器等。

遗址内的出土遗物有陶器和石器两大类。陶器可辨器形有瓶、罐、盆、钵、瓮、甑、环等，质地有泥质红陶、夹砂细陶和夹砂粗陶。泥质红陶占总数 14%、夹砂细陶为 27%、夹砂粗陶为 59%。还发现一定数量的彩陶器，均黑彩，纹饰有波纹、弧线三角纹、圆点弦纹等，器形有瓶、盆、钵等，彩绘风格均具有马家窑类型典型特点。如 H1 内出土的彩陶瓶，直颈，广肩，鼓腹，腹耳，腹壁斜收成平底。饰黑彩，纹饰一面饰弧线三角纹，一面饰涡纹。残高 33.6、腹径 22.8、底径 10.8 厘米。H5 出土的彩陶瓶，口沿外折，平唇，直颈，广肩，鼓腹。黑彩，颈部三道弦纹，肩部圆点弧线纹，腹上部饰圆点弦纹。口径 13.5、颈高 10、腹径 32.4 厘米。H1 出土的彩陶盆，卷唇，腹微鼓，双钮。黑彩，口部饰三四组两道平行线，腹部为弧线三角纹。口径 30、腹径 28.8 厘米。F2 内出土的彩陶钵，敛口，鼓腹，平底。黑彩，内外饰波纹，波纹内填充叶纹。口径 16.8、腹径 17.2、高 7.4 厘米。

石器共出土 70 余件，有打制和磨制两种，以后者较多，形制有石斧、石锛、石刀、石球、

（正视）

（俯视）

H1 出土粗陶甑

H1 出土粗陶罐

T5①、T7②、F2、T5①出土石刀

F2、T5出土石斧

T4②、H1、T2②出土石锛

T5②出土砍砸器

T6①、T5①出土陶环

残石器、砍砸器、刮削器等。

　　从遗址内出土的彩陶器形及纹饰特点，均具有马家窑类型的典型风格分析，河东台遗址文化属性应归属为马家窑文化马家窑类型。遗址内出土的生产工具，种类有石刀、石锛、砍砸器及大量石球，从生产工具的功能分析，此遗址的先民们是以农业和狩猎为主要经济方式。此次发掘，为研究当时黄河流域马家窑文化时期人们的经济生活、建筑结构及社会组织等方面增添了新的考古资料。

撰文：孙鸣生

化隆亚曲滩遗址

亚曲滩遗址位于化隆回族自治县德恒隆乡亚曲滩村西、黄河左岸的一级阶地上，海拔2050米，遗址西崖下即为由北向南滚滚而去的黄河，隔河与尖扎县昂拉乡相望。

2004年5～6月，为配合公伯峡水电站基建工程，在青海省支援黄河水利建设办公室和青海省水电开发总公司的大力支持下，青海省文物考古研究所在化隆县文物管理所的配合下，对处于侵蚀区内的部分亚曲滩遗址进行了抢救性发掘和清理，项目领队王忠信，参加发掘的人员有青海省文物考古研究所的卢宗义及化隆县文管所的张占仓、赵明。共揭露面积750平方米，清理出一批距今约5000年的马家窑文化房址、窑址、窖穴、灰沟及灰坑等，出土文物近百件。

这次发掘中清理出的2座房址内灶坑、门道齐全，结构较为完整。房址结构为半地穴式，平面呈圆角长方形，面积约25平方米；居住面及墙壁有一层草拌泥，显得光滑平整；房内有一大一小两个盆状火塘，小者靠近门道；沿墙壁内侧一周有若干柱洞，房址中部亦有一排柱洞把房子

遗址远景

F1 全景

F2 全景

F2 出土彩陶罐

F2 出土彩陶瓶

F2 出土彩陶瓶

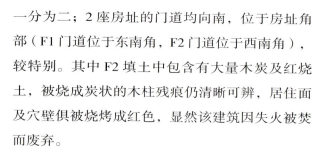

F2、F1 出土石刀

H11 出土石斧

一分为二；2 座房址的门道均向南，位于房址角部（F1 门道位于东南角，F2 门道位于西南角），较特别。其中 F2 填土中包含有大量木炭及红烧土，被烧成炭状的木柱残痕仍清晰可辨，居住面及穴壁俱被烧烤成红色，显然该建筑因失火被焚而废弃。

窑址由于平整土地，大部已遭破坏，仅剩部分窑室底部和火道；其西面不远处，发现有制作陶器的工作面及取陶土时所挖的圆形大坑。

所清理的一条灰沟略呈南北向横穿发掘区东部，平面形状不规则，北宽南窄，口宽约 6.5 ～ 12.5、深 0.45 ～ 0.75 米，沟壁不规整，底部较平。沟内填满松软的灰土，出土较多的马家窑文化陶片及石块。该沟原为自然冲沟，后作倾倒垃圾之用。

所清理的十几个灰坑形制不一，结构多样，有圆形、长方形、袋状等，除少量为当时储藏东西的窖穴外，大多为倾倒垃圾之用。其中 H11 形制结构较为特殊，为圆形袋状坑，坑底中央有一

灶坑，从红烧土厚度来看，似经长期烧烤，灶坑内填有白色和黑色灰烬，其东侧有石块 2 个。该坑到底作何用途，值得研究。

这次发掘中所出土的近百件文物主要为陶器和石器，以房址、灰坑及灰沟中出土最多。陶器大多为生活用具，有罐、盆、壶、瓶、甑、瓮等，其中 F2 中出土的 1 件彩陶罐和 2 件彩陶瓶制作精美，彩绘纹饰绚丽多姿；大量石制生产工具如斧、镰、刀、凿、锛、钺、环状器及盘状器的发现，反映了当时原始农业的发达；而出土的众多大小不等、粗细不一的陶环，则是先民们爱美之心的写照。

根据出土陶器的器形及彩绘纹饰（旋涡纹、弧边三角纹）等来判断，亚曲滩遗址属马家窑文化马家窑类型。此次的抢救性发掘，为研究黄河两岸马家窑文化时期人们的经济生活、社会组织结构及建筑营造特点等提供了不可多得的实物资料。

撰文：王忠信

尖扎拉毛遗址

拉毛遗址位于黄南藏族自治州尖扎县城南约9公里的昂拉乡拉毛村西部，东临黄河，南依穷给龙哇（藏语"泉水沟"之意）。遗址在黄河右岸二级阶地上，海拔2009米。台地西北高，东南低，阳光充足，降水充沛，黄土发育条件较好。该遗址在1986年由青海省人民政府公布为第四批省级重点文物保护单位。

2004年5～8月，为配合公伯峡水电站的施工建设，在黄河上游水电开发有限公司的大力支持下，青海省文物考古研究所在尖扎县文化馆的

配合下，对该遗址进行了抢救性发掘和清理，领队王倩倩，发掘人员有青海省文物考古研究所袁桂青、孙小妹、尕藏吉，尖扎县文化馆仁增，技工王国旗、陈世安、冯硕。

本次发掘地点位于遗址区的东南部，根据地形情况，分为 I 、II 两区，在 I 区布 5 米 ×5 米的探方24个，II区布 10 米 ×10 米的探方4个，发掘面积共1000平方米。历经两个多月的发掘工作，清理出新石器时代马家窑文化马家窑类型时期的灰沟1条、灰坑11座，出土文物200余件。

遗址远景

发掘现场

G1，呈西北—东南走向，已发掘16米，口大底小，剖面呈倒梯形。口径2.84～4.28、底径1.1～1.82、深2.96米。沟内文化堆积共分5层。第①层：浅灰色土，土质松软，夹杂大量的红烧土、木炭，厚0～1.02米，包含物有陶片、石器、兽骨等。第②层：灰色土，土质松软，厚0～0.85米，包含物有陶片、石器、骨器、兽骨等。第③层：黄沙土，夹杂少量的灰土，土质坚硬，厚0.54～0.9米，包含物有大量陶片、石器、骨器、红烧土、兽骨等。第④层：深灰色土，夹杂红烧土、木炭、白灰，土质松软，厚0.72～1.44米，遗物丰富，有陶片、石器、骨器、兽骨等。第⑤层：灰色土，夹少量的黄土、木炭，土质较硬，厚0.42～0.75

米，包含物有大量陶片、石器、骨器等。第⑤层下即为黄色生土层。根据灰沟内出土陶器特征，彩绘陶片纹饰多施黑彩，图案以弧线三角纹、平行条纹为主题纹饰，间以圆点纹、圆圈纹等来判断，该灰沟属马家窑文化马家窑类型。

灰坑11座。平面多呈圆形或椭圆形，剖面多呈袋状，个别为直壁，呈不规则形。灰坑口径0.55～2.54、底径0.96～2.68、深0.34～1.4米。其中H1和H2比较特殊，均位于Ⅰ区。H1开口于第②层下，打破生土层。椭圆形袋状坑，口径1.8、底径2、深0.74米。灰坑开口处有一块形制不规则的红烧土，红烧面较硬，靠近北隔梁坑底处亦有一小块红烧土。坑底用火烧过的石块铺砌，其内填土为灰黄土，土质松软，坑底为较硬的黄土，似经踩踏，遗物有陶片、石器、骨器等。H2 开口于第②层下，打破生土层。平面呈椭圆形，口径 1.52、底径 1.42、深 1.16 米。坑内堆积分两层，第①层为灰褐色土，土质松软，厚 0.53 米，包含物有陶片；第②层为黄褐色土，土质较硬，厚约 0.63 米，包含物有陶片、石器等，坑底用大小不等的鹅卵石铺砌，且夹有一层草木灰，并发现有烧过的兽骨，其用途不详。

遗址内出土文物有陶器、石器、骨器等。可修复的陶器计 50 余件，陶器以泥质红陶为主，器形有壶、罐、盆、钵、碗等，器表纹饰有绳纹、刻划纹、网格纹等；其次为夹砂粗陶，器形主要有罐、盆、甑等，器表纹饰多为绳纹间饰附加堆纹；另有一定数量的彩陶，多为黑彩，也有少量的红彩。彩陶纹饰有弧线三角纹、垂帐纹、旋涡纹、平行条纹、圆圈纹及少量的动物纹饰等。陶器制法有手制和轮制，壶、瓶的口沿大部分用慢轮修整，而小的陶器一般用手制，如小陶杯、小陶罐等，制作较粗糙。

G1 全景

石器有磨制石器和打制石器两种。磨制石器主要有单、双孔石刀，石凿，石斧，石环等；打制石器主要有打制石片、砍砸器等。其中值得一提的是 G1 出土的双孔石刀，长 6、宽 3.2、厚 0.4 厘米。该石刀通体磨光，双孔对钻，两侧均磨制成锯齿状，两面还有大小不等、排列不规则、未钻穿的凹窝，其中一面似是北斗星座。大量石器的发现反映了当时原始农业的发达。骨器多用动物的肢骨磨制而成，器形有骨锥、骨针、骨指环、鹿角器等。

拉毛遗址地层堆积文化属性较为单一，主要是马家窑类型。出土的夹砂陶器表多饰绳纹、附加堆纹等。泥质陶器一般上部为彩绘，下部素面，器表多施黑彩，图案以弧线三角纹为主，间以圆点纹或平行条纹。钵、盆的口内沿外，一般多饰弧线三角纹、圆点纹或垂帐纹，壶、瓶器表的颈、腹部，一般饰多道平行条纹，兼饰圆点纹。纹饰风格具有马家窑类型的典型特点，表明该遗址是

G1③出土彩陶片

G1④出土彩陶片

G1④出土彩陶片

G1④出土彩陶片

G1④出土彩陶片

G1①出土彩陶刀

G1①出土粗陶单耳罐

G1③出土彩陶钵

G1③出土陶盆

G1③出土彩陶钵

H1 出土陶盆

G1①出土石刀

G1②、G1③、G1①出土石刀

G1⑤、H1③出土石凿

G1④、G1③出土陶环

G1①出土陶球

H11出土石杖头

G1①出土盘状器

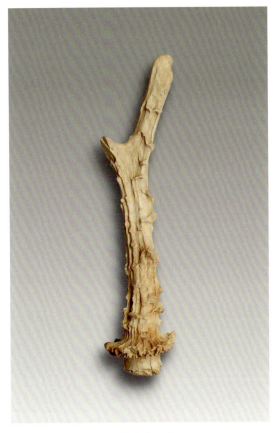

G1④出土鹿角

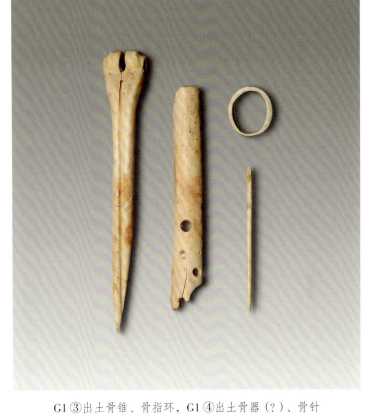

G1③出土骨锥、骨指环，G1④出土骨器（？）、骨针

一处新石器时代马家窑类型的文化遗存。

此次发掘所揭露的遗迹现象和出土的遗物，为研究黄河两岸马家窑类型时期人们的经济生活提供了实物资料，丰富了青海地区黄河流域马家

窑文化遗存的考古资料。尤其是灰沟的发现，其文化层堆积之厚，出土遗物之丰富，在青海地区同类文化中尚属少见，为研究该地区的经济及聚落形态提供了翔实的资料。

撰文：王倩倩

贵南尕马台遗址与墓地

尕马台遗址位于海南藏族自治州贵南县拉乙亥乡昂索村之南0.5公里，地处黄河南岸第二台地，北距黄河约1公里，高出黄河现水面约60米，南靠茫茫穆格滩草原。尕马台所处台地发育良好，东西延伸长约40公里，南北有千米之阔，台地平坦，靠近黄河，登上台地南部近百米的高坡，便是穆格滩牧场，绿草茵茵，一望无际，台东有一小沟，山沟泉水缓缓流入黄河。这里自然条件优越，水利资源丰富，早在新石器时代晚期，人们就生活在这里，由于数千年来环境的变迁，远古人类的遗址被掩埋在厚约1米的黄沙下。遗址顶部经风吹雨冲，表土流失，暴露出了大量的陶片，遗址遭受了不同程度的自然破坏。

1977年7～9月，为了配合龙羊峡水库建设工程，更好地开展库区文物保护和考古发掘工作，由青海省文化局考古队和北京大学历史系考古专业联合举办了"龙羊峡工程亦工亦农考古短训班"，主要对尕马台新石器时代遗址进行了发掘。参加本次考古短训班的人员有北京大学历史系考古专业教师及76届全体同学30余人，青海

遗址台地远景

发掘现场

遗址内的"瓮棺葬"

遗址内的烧灶面

清理瓮棺葬现场

T29②出土彩陶单耳罐

T25②出土彩陶双耳罐

T25②出土彩陶盆

考古队和来自部分州县的文博干部 20 余人，发掘人员总计 50 余人。

该遗址揭露面积 1626 平方米，在遗址上覆盖厚 1 ～ 3 米的黄沙，呈鱼鳞状，并随大风改变形状与位置。推去黄沙后即暴露出了原地表，地表的陶片和石器等遗物俯拾即是，少数遗迹瓮棺口部暴露于地表。从揭露情况来看，原地表基本在同一平面，中部略高，地层堆积保存较好；遗址边缘地表水土流失严重，由于长期暴露，自然侵蚀较甚，文化层仅数厘米，断续不成层次，甚至完全消失。地层堆积不厚，约 1.2 米。遗址地层较简单，共分 3 层，厚约 1.2 米。从文化层内包含物分析，第①层为扰乱层，第②层与第③层为文化堆积层，其内涵以马家窑文化为主体，其间涵盖有宗日文化因素。发掘结果表明了尕马台遗址应属一处以马家窑文化为主体的居住址，后被齐家文化墓地打破，该遗址即遭晚期齐家文化居民的人为破坏，同时也受长年自然的多重破坏。

在遗址居住址内遗迹较少，原居住房址破坏严重，只存有一处房址居住面，且原状及结构均不清；还有 14 处烧灶面、2 座灰坑；另有 18 座与居住址同时期的瓮棺埋葬在遗址内。遗址中出土遗物，按质地可分为陶器、石器、骨器、牙器、蚌器。按用途有生产工具与生活用器两大类。另外，还有大量的陶片及动物骨骸等。遗址文化内涵单一，从出土遗物特征分析，应以马家窑类型晚期文化为主体，其内已含有半山类型的因素；此外，遗址内涵还包含有宗日文化因素。

遗址内，马家窑文化层堆积较厚，出土遗物丰富，并且发现有居住面，14 个烧灶面分布其间，另有 18 座与遗址同时期的瓮棺葬也散布在遗址之内，表明此遗址属于一处定居的原始部落遗存。这处遗址得天独厚的优越地理环境为居于此地的居民提供了多种经济形态的生产空间。遗址坐落在黄河的二级台地上，台地地势平坦，土壤肥沃，为农业生产发展提供了有利条件；背山面水，北临黄河，使渔猎经济得以存在；南靠穆格滩草原，辽阔宽广，沃草丰盛，既是从事畜牧的大牧场，也是天然的狩猎场。遗址出土的生产工具用途多元化，也充分证实了居住在尕马台聚落遗址的原始先民的经济生产方式是一种多元化经济的形式。尕马台遗存的生产活动应以农业经济为主，畜养、狩猎、捕捞仍占一定比例。

由于遗址内遗迹单位少，仅有的一些遗迹现象不具备断代条件，如发现的唯一一处房址残损不全，只存局部居住面，原貌不详；两座灰坑内出土遗物及灶面亦无典型的文化特征。故对本遗址的文化属性及年代的判定，主要是依据遗址文化层内出土的彩陶片的文化特征作以判断。遗址内出土陶片以夹砂陶为主，同时并存有一定数量的彩陶片。彩陶片有泥质彩陶与夹砂陶质彩陶之分，代表了本地区不同的两种文化类型。

泥质彩陶，泥质红陶，以单一的黑彩为主，黑红复合双彩较少见，纹饰多由多道横、竖、斜较密集线条构成图案，有的间饰菱形网格纹及锯齿纹。较多见的器形是彩陶钵，敛口、弧腹、平底，内外饰彩，内彩发达，外彩常见的是较密集的曲线条，内彩多由菱形网格纹、波浪纹、三角纹构成图案，这是马家窑文化马家窑类型的典型器。在泥质彩陶中同时也兼有半山类型的典型风格，如彩陶颜料出现了黑与红复合彩，纹饰有锯齿纹及四大圆圈纹；个别器形如大口腹耳彩陶罐，器形圆鼓矮胖，纹饰作四大圆圈纹，已初具半山类型的风格。由此分析，泥质彩陶的文化属性应属马家窑类型晚期向半山类型过渡时期。

夹砂彩陶，遗址中数量不多，明显少于泥质彩陶。夹砂彩陶以夹砂白陶为主，也有少量的灰白陶，颜色只有单一的紫红彩，纹饰简单，往往只有单一纹饰，有折线纹、鸟纹。如夹砂彩陶罐

T13②出土粗陶双耳罐

W10出土粗陶单耳罐

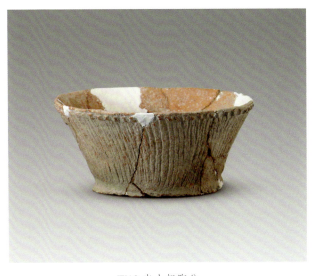

W10出土粗陶盆

T49②出土石网坠

T27②出土石饰

T49②出土石网坠

T44出土石臂钏

T54②出土石网坠

T43②出土研磨器

T25②、T26②出土石球   T33②、T10出土石球

T49②、T30②出土石斧　　　　　　　T22③、T30②出土石斧

W13 出土石刀　　　　　　　　T15②出土石刀

T25②、T46②出土石锛、石凿　　　　　T43②出土石镞

T3①出土骨锥

T29②、T26②、T51②、T46②出土骨锥

T29②出土骨管

T54出土骨梗刀

腹饰多重红彩折线纹，夹砂双耳粗陶罐肩饰有一周红彩鸟纹。夹砂彩陶的制法与彩绘风格均与共和盆地宗日遗址中的宗日文化陶器极为相似，故分析夹砂彩陶的文化属性应属宗日文化。

尕马台遗址彩陶的风格与特点，反映出遗址年代以马家窑类型晚期为主体，大约处于马家窑类型晚期向半山类型过渡时期，同时遗址内还并存有宗日文化因素。这处遗址的发掘，虽然规模不大，但为研究黄河上游的史前文化增添了极为重要的资料。

尕马台齐家文化墓地内共发掘墓葬 44 座，1座瓮棺葬，43 座竖穴土坑墓。墓地面积与墓葬数量，表明了这是一处小型的公共氏族墓地。墓葬的排列无明显的规律，但基本整齐有序集中布置，墓葬之间有一定的距离，毫无打破关系出现，说明当时是按严格葬制有序埋入的。整个墓地有着相同的埋葬习俗，随葬品的文化特征相同，一一表明了尕马台墓地应属同一氏族的公共墓地。

墓地内墓葬的排列有着严格的次序，埋葬方式盛行单人葬，不同身份的死者葬制有着较严格的区分，从不同葬式的死者随葬品有着不同的类别与数量，表现出了墓主人身份的差异。死者摆放姿势在入葬时，氏族每一位成员均遵循俯身直肢葬，直肢仅指双腿而言，双臂部分直肢，有的单臂上举，有的双臂弯曲。墓地中只有 4 座俯身直肢墓葬尸骨未经扰乱，这些墓葬坐落在墓地中部，随葬品丰富且器类精致；无头葬的墓葬仅有随身佩戴饰品，基本别无他物，且位于墓地边缘；二次扰乱葬中有着扰乱程度大小之分，扰乱程度轻的仅略微扰动局部肢体，随葬品较全身扰乱的相对要多，并且居于墓地中部；扰乱程度大的全身扰乱葬墓葬置于墓地外沿，随葬品也相应少。由此可见，在此墓地随葬品的种类及多寡与死者的葬式是有一定关联。换言之，居住在尕马台附近这一氏族人群，在第一次下葬时要以俯身直肢

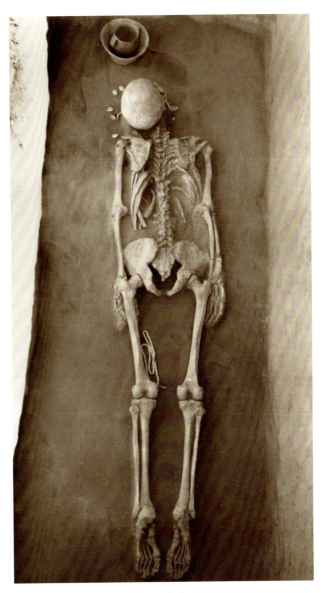

M25 全景

葬式摆放，是男女老幼都要共同遵守的葬制，但葬后是否二次扰乱，扰乱程度如何则由墓主人在氏族中的身份来确定，不同身份的墓主人，有着不同的葬制。由此看出，氏族成员之间亦有了等级关系，氏族内部的制度已经松弛，人与人之间的关系已不是权力平等，贵贱之分已产生，氏族制度已走向解体。此外，不同性别亦有着不同的葬制，较突出地反映在男女的头向有别，男东女西；其次是随葬品的组合不同。

随葬品反映出的地方特点，生产工具不见农

M11 出土双大耳罐

M24 出土双大耳罐

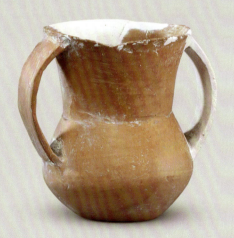

M26 出土双大耳罐

M28 出土粗陶盆

业工具，只有狩猎工具与细石器；生活用具简化，陶器数量少、器形小且种类单一，陶器种类有双大耳罐、小灰陶罐、颈耳彩陶罐、粗陶碗、粗陶盆五种，后四种不多见。普遍随身佩带的装饰品，种类丰富，数量颇多，装饰品的种类有海贝、绿松石珠、骨珠、骨饰、蚌饰等。从装饰品的种类及放置位置来看，使人们看到居住在黄河边的这支齐家人，十分注重自身的装饰，除在颈部佩有由海贝、绿松石、骨珠组成的多彩项链外，手足部还装饰有五彩的手链和足链，并佩戴有极为珍贵的铜指环。铜器有铜镜、铜泡、大小铜环三种器形。骨器有骨镞、骨针。尕马台墓地随葬品种类与数量均要少于其他墓地，随葬品的组合也明显的不同于其他墓地。

总体来看，尕马台齐家文化墓地文化特征，地方特点鲜明，突出反映在埋葬习俗中，如墓地的排列方式、死者的头向男东女西。尤为突出的是葬式的独特性，氏族成员均俯身入葬，除个别"贵族者"及身份特殊者外，几乎大部分成员均要再行二次扰乱葬。其次，随葬品中装饰品普遍，其种类与装饰特点基本沿袭了宗日遗址的传统风格；基本生产工具仅有狩猎工具及细石叶。唯有陶器基本被齐家文化所替代，与其他地点的齐家文化共性是十分明显的。尕马台墓地中唯一常用

的普遍流行的生活用具是双大耳陶罐，无地方特点，是齐家文化的代表性陶器且具有鲜明的时代特征，造型风格与共和盆地宗日遗址的齐家文化墓葬、甘肃齐家坪墓葬等地的同类器完全类同。墓地的文化特征，反映出这一氏族人群，思想意识、宗教观念仍维系着固有的传统，沿袭着本氏族的葬俗礼制，故反映在了埋葬习俗的特殊性；但随着环境的变迁、经济方式的约束，也同时接受了先进的技术与文化，所以，在生产消费方面及部分生活用品上表现出了很大的一致性。

尕马台齐家文化墓地，另一重要的发现是出土了一面"七角形纹"铜镜，这是迄今我国年代最早的饰有花纹的铜镜。这枚珍贵铜镜的使用者，葬式俯身直肢，未经二次扰乱，随葬品颇丰富，地处墓地中心。无疑，墓主人在这一氏族中具有显贵地位。"七角星纹"铜镜，呈圆形。直径8.9、厚3厘米，重109克，镜面平滑，背面有纽，饰有七角星图案。在镜的边缘钻有两个小孔，两孔之间有一道凹形细绳纹的痕迹，在清理时发现有木质镜柄，镜柄是通过镜缘的双孔用细绳捆绑固定使用。这一发现缩短了现代人与远古人的时空距离，它让人们直接观察到了这面年代久远的铜镜真实的使用方法。该镜经中国社会科学院考古研究所实验室用快中子放射分析法鉴定，应属青

M25 出土铜泡

M25 出土铜镜

M31 出土铜指环

M37 出土铜环

M12 出土串饰

M35 出土串饰

M35 出土串饰

M38 出土串饰

M6 出土海贝

铜器。"七角形纹"铜镜也使尕马台遗址在国内外享有盛名。

　　尕马台齐家文化墓地,是在黄河上游共和盆地最早发现的极为重要的青铜时代早期的考古资料。这批发掘资料为进一步深入研究齐家文化的分布区域、不同地区的文化特征等学术问题,对探讨黄河上游早期青铜文化的起源与发展都补充了极为重要的实证材料,有着非常重要的价值。

撰文:任晓燕

乐都柳湾遗址

柳湾隶属于乐都县高庙镇柳湾村，是河湟谷地的一个小村庄，位于湟水河中游北岸。柳湾遗址位于湟水北岸二级台地（原乐都县高庙镇柳湾小学所在地），遗址距湟水河约1公里，距柳湾墓地约600米，遗址东南约800米处有马家窑文化马厂类型的沙沟口遗址，遗址北侧紧邻齐家文化的柳湾村西遗址，海拔1923米。柳湾墓地位于柳湾村北约12万平方米的台地上。1974～1981年中国社会科学院考古研究所与青海省文物考古队对该墓地进行了大规模的发掘，共发掘马家窑文化半山类型、马厂类型，齐家文化，辛店文化等新石器时代晚期至青铜时代的墓葬1730座，该墓地是迄今为止所发现的黄河上游最大的一处氏族社会公共墓地。

为配合青海省柳湾彩陶博物馆建设，在青海省文物管理局的组织下，青海省文物考古研究所自2000年11月～2001年4月对该馆建设区进行了抢救性考古发掘。本次发掘的领队许新国，执行领队肖永明，参加人员王忠信、蔡林海、胡晓军、李国林、张长寿、王国旗等。

此次发掘属柳湾遗址的首次揭露，布5米×5米的探方40个，共揭露遗址面积1000平方米，出土铜器、玉器、石器、陶器、骨器等221件。

遗址堆积共分5层。1层为近现代堆积；2a、2b层为自然层；3a为文化层，包含大量齐家文化陶片和少量马家窑文化马厂类型陶片，开口于该层下的房址5座、灰坑58个、灰沟10条。

3b层多为马厂类型陶片，也有少量齐家文化陶片，开口于该层下灰坑5个。

1号房址开口于3a层下，为长方形半地穴式硬土面住址。南北长5.6、东西宽4.1、深0.68米，中轴线方向26°。房址中央有椭圆形灶面，灶面东侧有偏洞式窖穴，柱洞均在室内，周壁有壁柱痕迹。南部被另一座保存较差的房址打破，门道可能开向西南。该房址下层堆积的泥质陶片统计结果为：齐家文化早期陶片160片，马厂类型三、四期陶片80片，房址内出土堆纹口沿罐、单耳罐、粗陶双耳罐、骨梗刀、骨叉、骨锥、骨饰、骨针、石斧、石凿、盘状器、细石叶等小件器物40件。

2号房址开口于3a层下，位于1号房址南约20米处，为长方形半地穴式硬土面住址，南北长5.4、东西宽4.3、深0.96米，中轴线方向27°，斜坡式门道开向东南。柱洞分布于房址外围，西侧柱洞保存较为完整。房址中央设椭圆形灶面，房址西壁保存较好，加工工具痕迹清晰可见。房址上层堆积为青灰色草木灰，厚0.4～0.5米，分布于房址内及周围约1.5米的范围，为草木建筑废弃后的堆积。下层堆积为灰黄色土，土质疏松，下层堆积的泥质陶统计结果为：齐家文化的陶片9片，马厂类型的陶片168片，马厂类型陶片以马厂类型三期的陶片居多，典型器为颈部饰横条纹的双耳彩陶罐。

共发现圆形袋状、圆形锅底状、沟状及不规则状灰坑78个，开口于3a层下的73个，其中

发掘现场

齐家文化与马厂类型的陶片共存的灰坑有50个，单纯齐家文化的灰坑7个，单纯马厂类型的灰坑8个，其余坑内未见陶片。

发现灰沟6条，沟宽0.8～1.4、深0.7～1.6米，沟内堆积多为浅灰色土，含有大量陶片。1号房址周围的灰沟内陶片以齐家文化的陶片为主。

此次出土遗物中最重要的发现是在3a文化层中，出土铜镞一件，锻造，长3.4、宽1.5厘米，体形扁薄，略起中脊，两翼稍长，铤部带三锋。与之共存的同一探方内同一层的泥质陶中，可以辨认的马厂陶片65片、齐家陶片90片，从器形上看可能属于齐家文化的遗物。此前，在柳湾墓地已发掘的1700多座墓葬中从未发现任何铜器。

出土石器中盘状器占大多数，其他有石斧、石凿、石刀（多中心对钻或刻划成单孔，多孔石刀仅1件）、石矛、石镞、石枪头、石坠、敲砸器、砺石、石片、石核、刮削器、细石叶等。

从出土的动物骨骸来看，可以辨认的动物有牛、羊、猪、鹿。骨器中骨锥居多，多以小型动物肢骨为材料，劈裂后磨制而成，另有骨针、骨梗刀、骨叉、细石叶、骨镞。一件骨饰上刻划有平行线纹和交叉斜线纹。其他骨器有角斧、骨凿、骨管、骨环、骨珠等。

TD7③a出土铜镞（齐家文化）

再现文明

F1 全景

F2 全景

TD3③a下出土双耳罐（马厂类型）

H55 出土陶壶（马厂类型）

H58 出土双耳彩陶罐（马厂类型）

F1 出土粗陶瓮（马厂类型）

H20 出土双大耳罐（齐家文化）

出土陶器以生活器为主，器形有纺轮、陶拍、碗、侈口盆、折沿盆、杯、盏、双大耳罐、粗陶双耳罐、双耳彩陶罐、双耳彩陶盆、单耳罐、三耳罐、侈口罐、带嘴罐、瓮、高领双耳罐、壶、豆、尊及甑、盉、鸮面罐的残片。遗址中的夹砂陶占三分之二以上。彩陶比重较大，多红衣黑彩，有极少量的黑红双彩陶片，器形以双耳彩陶罐（盆）和彩陶壶为主。

在地层和大多数遗迹单位中大量共存着马厂类型和齐家文化的器物及陶片。马厂类型泥质陶以红褐陶为主，有少量的灰陶及灰褐陶，陶胎厚多在0.4～0.9厘米之间，烧成温度略低；彩陶在泥质陶中的比例较大，多红衣黑彩，有极少量的黑红双彩陶片，器形以双耳彩陶罐（盆）和彩陶壶为主。双耳彩陶盆为紫红色或深红色陶衣饰黑彩，口沿内侧一般饰斜线纹。颈部多见横条纹，颈部以下多饰联弧纹，有的耳部饰有横条纹。彩陶壶多深红衣黑彩，颈部多饰折线纹或人字纹，腹部多饰圆圈纹，圆圈内填网格的较多，下腹部一般饰联弧纹；夹砂陶中夹砂红陶的比例较大，夹砂灰陶及内灰外红的陶片较少。胎厚在0.5～1.2厘米之间，烧成温度较低，纹饰以竖绳纹及交错绳纹为主，器形以粗陶瓮及粗陶双耳罐常见，粗陶瓮口沿一般附加较宽的泥条使之加厚，再饰以竖绳纹，口沿及颈部间有明显的凸棱，颈部多饰宽厚的附加堆纹，底部多饰交错绳纹。粗陶双耳罐体形矮胖，双耳窄厚，耳孔较圆，接耳处附加宽而厚的堆纹。齐家文化泥质陶以橙黄色为主，泥质灰陶比例加大，有少量的灰褐陶，胎厚在0.3～0.6厘米之间，器表多磨光。慢轮修整者较多。彩陶比例较小，以双耳彩陶罐为主，胎厚

F1出土骨梗刀（齐家文化）

一般为0.35厘米，黄褐色陶衣饰浓黑彩，颈部多饰竖条纹。有极少量的双大耳罐及折沿盆，其表面磨光后饰红彩。其他泥质陶多饰篮纹及粗绳纹，器形以双大耳罐、高领双耳罐为主，双大耳罐的颈、耳尚不发达，器型较粗矮者居多，高领双耳罐折肩以下多饰篮纹。其夹砂陶中夹砂红褐陶的比例下降，夹砂灰陶或内灰外红陶的比例上升，胎厚多在0.4～0.9厘米之间，烧成温度较高，多素面，少数饰粗绳纹且带有烟怠，有的器表抹光，有的器底有席纹，器形以侈口瓮、粗陶双耳罐、侈口盆多见，瓮的口沿附加窄而薄的泥条后抹平或压捏成堆纹，颈肩部的堆纹细而扁薄。

通过对陶器的初步观察，认为本次发掘的柳湾遗址属于铜石并用时代晚期的遗存。这一时期，齐家文化已从甘肃东部扩展至青海东部，并与当地的马家窑文化马厂类型接触和融合。该遗址集中体现了马厂类型三、四期与齐家文化早、中期在时间上的并存和空间上的交叉关系。虽然由于晚期对早期遗存的破坏会造成晚期遗迹单位存在早期遗物，但在地层和大多数遗迹单位中大量共存着两种烧造技术和画工不同的陶片，反映了两种文化在时间上的共时性。此次柳湾遗址的发掘，丰富了柳湾古代文化内涵，特别对于认识马厂类型与齐家文化的关系提供了新的依据。

撰文：肖永明

大通长宁遗址

长宁遗址位于西宁市北大通回族土族自治县长宁乡长宁村西南约 3 公里处。遗址坐落于湟水的主要支流北川河西岸二级阶地，东距北川河约 3 公里。遗址面积近 10 万平方米，海拔 2340 米。

该遗址是一处以齐家文化为主的大型聚落遗址，1986 年由青海省政府公布为第四批省级重点文物保护单位。2006 年 5 月，为配合青海省景阳变电所扩建工程建设，青海省文物考古研究所在变电所扩建区域内对遗址局部进行了抢救性发掘。历经两个月的发掘，揭露面积近 3000 平方米。

本项目领队任晓燕，执行领队王倩倩、闫璘。

参加发掘的工作人员有蔡林海、李国林、胡晓军、顾希娟、刘林、王国旗。

考古发掘表明，长宁遗址是一处齐家文化聚落遗址。在发掘区域内，经清理的主要遗迹有房屋居址 15 座、灰坑和窖穴共计 150 个、墓葬 6 座。由于本次发掘为抢救性发掘，受到发掘范围的限制，无法了解本遗址聚落布局的全貌。但已揭露的 15 座房址结构形式有半地穴和地面建筑两种形式，反映出这一时期居住房址的建筑特点。其中地面式建筑，如 F11 采用了处理地基和建造木骨墙体的建筑技术。这一技术在邻近的甘肃境内大地湾第四期文化中就已出现，但据目前考古资

遗址全景

F3 全景

F11 全景

料，在青海地区已发掘的齐家文化房址中，迄今均未见使用这种技术。长宁遗址中出现的地面建筑木骨泥墙的房址，在青海地区齐家文化中尚属首次发现。它不仅丰富并填补了这一地区齐家文化聚落房址建筑形式新的内容，同时也为了解该地区史前建筑技术的发展增添了新的实证资料。

灰坑或窖穴，形制有圆角长方形、正方形、圆形和不规则形四大类。有的挖掘规整，壁面整齐；也有利用自然冲积沟对生活垃圾进行处理的不规则灰坑，灰坑内的包含物有的出土兽骨、夹砂陶罐数量较多；有的则出土有大量的大块陶片，部分

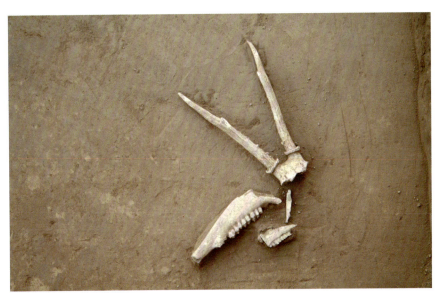

灰坑内动物骨骸出土情况

陶片还有早期粘对二次使用的痕迹，居址内的灰坑或窖穴，应具有不同使用功能。

墓葬均为竖穴土坑墓，其中1号墓葬随葬1件夹砂罐，罐内盛放几枚羊肋骨；3号墓随葬2

H147 全景

件陶罐、1 件石刀外，其余墓葬均无随葬品及葬具。有 3 座墓从葬式等观察，墓主人属非正式埋葬，利用了方形灰坑为墓穴随意扔弃在坑内予以埋葬。

经初步统计，遗址中共出土各类器物 2000 余件。从质地上可以划分为陶器、石器、玉器、骨角器、青铜器五类，以生活用具和生产工具为大宗。

陶器的质地有泥质陶和夹砂陶两种，泥质陶分橙黄、褐、灰和红陶，以橙黄陶为主。夹砂陶可分褐、灰、红和橙黄陶，以褐陶为主。器表多以素面为主，常见的纹饰为篮纹和绳纹。泥质陶除篮纹外，还有戳印纹、刻划纹等。纹饰多施于肩、腹处。夹砂陶除绳纹外，还有附加堆纹、网纹、席纹、篮纹和弦纹等，绳纹多饰于肩部、腹部，弦纹多饰于颈部，席纹多饰于底部。彩陶纹饰有网格纹、三角纹、三角网格纹等。

陶器可复原的有 130 件，器形多平底器，三足器罕见。夹砂陶有单耳罐、双耳罐、无耳罐、半罐形器、器盖、花边口罐、敛口罐、盉、盆、单耳杯等。泥质陶有高领折肩罐、双耳罐、双大耳罐、三耳罐、腹耳罐、盆、纺轮等。彩陶有双耳罐、双大耳罐、尊和豆等。

石器数量较多，计 1400 余件，以生产工具为主，大多为打制石器，器类有砍砸器、敲砸器、盘状器、刮削器等；磨制石器大多制作精致，常见的器形有石刀、石斧、石凿、石锛，还有研磨器和石杵，也罕见有兵器石矛及打制乐器石磬残片。细石器也占一定比例，有细石核、细石叶、尖状器等。

骨器制作精美，质地大多数为羊骨和鹿骨，计 700 余件，多利用了动物的肢骨或肩胛骨磨制而成，形制有骨簪、骨叉、骨刀、骨锥、骨针、骨笄、骨马镳、骨凿、骨铲、骨镞等，另有一种复合工具骨梗刀，系切割工具，是在兽骨上先开

彩陶罐出土现场

G6 骨镞出土现场

挖凹槽，内使用树胶等天然黏合剂镶嵌细石叶制作而成。还出土有鹿角器、卜骨等。

玉器主要为玉锛、玉斧、玉凿、玉璜。刃部有使用痕迹，多为实用工具。

青铜器仅发现一件，为铜环，似为锻造法制成，已残断。

本遗址采用了浮选法，从文化堆积中获取了数量颇丰的植物种子，总计高达近 15 万粒，其中以各种谷物为主，约 10 万粒，约占出土植物总数的 70％，经鉴定谷物的种类有黍、粟、大麦。其他植物种子的数量相对较少，有黍亚科、禾木科、蓼科、菊科。其中极为重要的是首次发现了

M1 全景

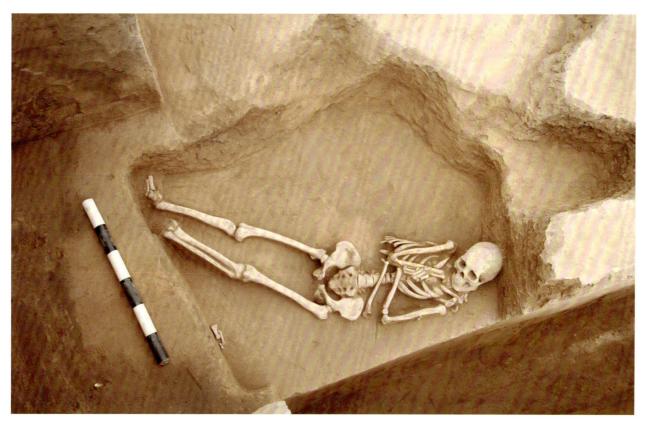

M2 全景

采集土壤环境分析样品

考古驻地专家鉴定兽骨

发掘现场专家鉴定人骨

考古驻地专家鉴定玉器

目前我国年代最早的大麦遗存；其次，在西北地区首次发现大麻籽。

在遗址内文化层及部分遗迹单位中，还出土了数量丰富的动物骨骸，动物遗存保存状况普遍较好，因此为了解恢复齐家文化时期动物群面貌及统计分析奠定了一定基础。经动物考古学家鉴定，初步研究结果：动物种类共计20余种，其中食肉类有熊、狼、狐、獾、猞猁、犬；食草类有马鹿、狍子、麝、麂、牛、山羊、绵羊；杂食类有野猪、家猪；小型哺乳类有兔、旱獭、田鼠、家鼠、河狸等；鸟类有鸡、猛禽等；另有淡水软体动物如河蚌和鱼类等。种类繁多。其中狩猎动物占较大比重并且种类相对集中。主要狩猎对象是马鹿、狍子和野猪，在动物遗存构成中占相当大比重。家养动物种类相对集中，但是有一定多样性，主要的驯养动物为山羊和绵羊，次之为牛，犬的数量较多，也是肉食对象之一。

经对长宁遗址的文化层堆积及出土物初步分析研究，可认定这是一处单一的齐家文化聚落遗址。在发掘工作中始终重视课题意识，始终重视了考古学与多学科相结合，以探索古代文化的经

F7 出土彩陶双耳罐

H43 ①出土彩陶双耳罐

H76 出土彩陶罐

H31 出土彩陶双耳罐

H31 出土彩陶双耳罐

F13 ②出土双大耳罐

F14 出土单耳罐

H23 出土双大耳罐

H39 出土半罐形器

H141 出土高领折肩罐

H105 出土粗陶双耳罐

H75 出土双大耳罐

H82 ②出土双大耳罐

H105 出土单耳罐

M1 出土单耳罐

H54 出土玉锛

H130 出土玉斧

H32、TE3N7C1 ①出土玉锛

G6、H93、G6、H3、TE1N7 ③出土细石叶

TE2N4 ③、TE1N4 ②出土石核

H95、H31、TE1N2 ②石凿

H22 出土石刀

F3 出土石矛

H41 出土石刀

F12③出土石锛

TE4N6②出土石刀

F12③、TE1N2②、TE1N1③出土石锛

G6 出土骨镞

H14②出土骨叉

H82①出土骨马镳

H68 出土骨铲

TE4N8①、H122、F7 出土骨锥

H54、F13②出土骨针

H23、H84 出土骨齿形器

H78 出土骨梗刀

G2 出土野猪头骨

H32 出土铜环

济形态及古环境这一课题为目标，采集了已发掘的遗址文化层堆积中所能发现的全部动物骨骼；收集了可以浮选的大量的土样，采用浮选法获取植物遗存，并完成了植物孢粉的采集。由于在该遗址开展了有系统的植物与动物考古学研究，获取到了极为丰富的多元信息，不仅丰富了齐家文化的内涵，也为初步认识与深入探讨这一地区齐家文化经济形态和发展规模、齐家人的生业模式及所生活的古生态环境等方面提供了科学依据及信息。

齐家文化处于新石器时代到青铜时代的过渡阶段，距今 4200 ～ 3800 年，是中华文明起源的重要时期。本次发掘成果还将对探索黄河上游史前文明因素起源与发展具有十分重要的意义，同时也为深入了解青海省境内齐家文化的内涵、分区，齐家时期的聚落形态、社会发展程度等问题增添了新的科学信息。

撰文：任晓燕　王倩倩

化隆纳卡遗址

纳卡遗址位于化隆回族自治县甘都镇苏合加村西南约 2 公里的黄河北岸二台地上，南距黄河约 1.5 公里，海拔 1885 ~ 1915 米。遗址所处为梯田，面积超过 1.2 万平方米，早期平整土地对该遗址有所破坏。

2003 年 6 ~ 9 月，为配合黄河上游苏只水电站工程建设，青海省文物考古研究所在化隆县文物管理所的配合下，对该遗址进行了抢救性发掘，取得了较好的收获。项目领队刘宝山，执行领队陈海清，工作人员胡晓军、卜玉凤、刘杏改、刘小强、袁桂青、张占仓、顾希娟、何英。

纳卡遗址共布 5 米 ×5 米探方 31 个，发掘

F1 全景

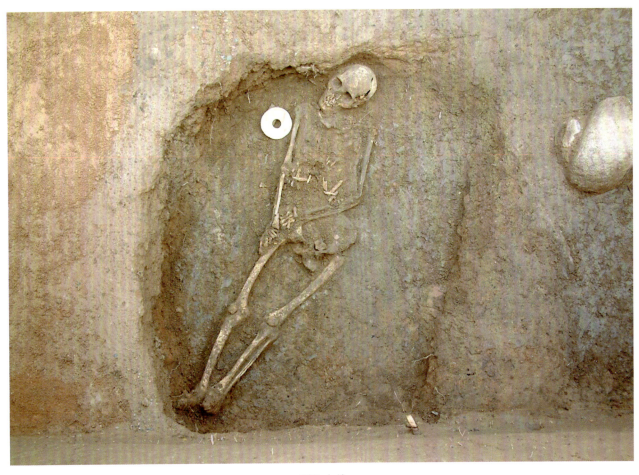

H23 全景

面积 775 平方米。遗址地层堆积一般分为 4 层，
1 层为耕土层，2 层与 3 层为扰乱层，4 层为文化层，
厚 0.3 ~ 1.2 米，内涵单纯，属齐家文化。4 层下
为生土。

遗址内共清理房址 4 座、灰坑 84 个、灰沟
11 条，出土文物 240 余件。

4 座房址中以 F1 最为完整，长方形，长 5.2、
宽 4.8 米，建筑方法为平地起墙，墙基残高 0.3 ~
0.7、宽 0.3 米，墙外围有一周柱洞共 36 个，柱
洞间距 0.4 ~ 0.5 米，直径 0.1 ~ 0.3、深 0.15 ~ 0.6
米，房内四角各有 1 个柱洞。门向西开，门道长
2.05、宽 1.9 米。屋内堆积为倒塌的墙体。房屋
墙面及地面皆使用白灰面处理抹光，屋内中部被
H85 所打破，故无灶的痕迹；F2 只存四角四个柱
洞和中间一块柱础石，应为一简易房屋；F3 为正

H55 全景

TE3S3 ④出土彩陶片

TE3S3 ④出土带嘴罐（残片）

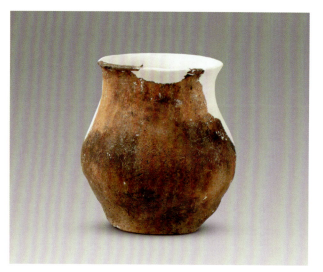

H83 出土粗陶罐

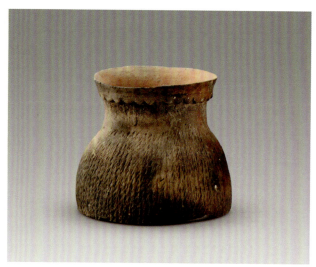

H83 出土粗陶罐

TE3N1 ④出土粗陶罐

H83 出土陶器盖

H7 出土砍砸器

TE2S2 ④出土砍砸器　　　　　　　　　　　H67 出土砍砸器

方形，边长 3.5 米，屋内地面被处理，呈黑褐色硬面，墙基已破坏；F4 由于被多个遗迹打破，仅存部分地面，故其形状及结构都不清楚。

　　84 座灰坑，形状有圆形、椭圆形、不规则形等，其用途也应不同，有窖穴、一般贮物坑和取土坑等。窖穴与一般贮物坑制作规整，坑壁及底部经过加工，有袋状与筒状之分；取土坑则比较随意，是取用土后回填废弃物形成的。另外除在坑内倾倒垃圾外，还有在坑内埋葬动物和人的习惯。如 H55，椭圆形，袋状，口径 1.34 ~ 1.65、底径 1.74、深 0.6 米，坑内葬有一具完整的猪的骨骼。H23 呈不规则椭圆形，直壁，口、底径 1.13 ~ 1.3、深 0.35 米，坑内葬有一具人骨，由于坑较小，故人骨略呈扭曲状，仰身直肢，头向西，面向南，人体上部南侧随葬石璧 1 件，经鉴定为约 16 岁的男性骨骼。

　　灰沟长短、宽窄不一，走向无规律，非建筑基槽，故用途不明。

　　遗址内含有较多的陶片，其质地可分为细泥陶、泥质陶、粗陶三大类，以粗陶居多，占总陶片量的 70%，泥质陶次之，细泥陶最少。除大量的素面陶外，器物上还有较多的纹饰，主要有绳

H23 出土玉璧

纹、篮纹、附加堆纹、戳印纹等，以绳纹与篮纹居多，彩陶较少。可辨器形有双大耳罐、双耳罐、折肩罐、粗陶罐等。出土各类器物 240 余件，其质地有陶、石、骨、玉等，其中以石器居多，骨器次之，陶器再次之，玉质类器最少。石器中以石刀、石斧、砍砸器为常见，石刀、石斧一般为磨制。砍砸器数量较多，特别是有一种砍砸器为同类文化遗址中少见，器形基本为圆形，有大有小，大者直径 30 余厘米，重 4～5 千克，两面琢出凹槽与凹窝以便于手握，具体用途不得而知；骨器主要有骨锥、骨铲等；陶器有罐、器盖、纺轮等；玉器以玉料为主。

根据遗址遗迹及出土器物分析，纳卡遗址文化属齐家文化。遗址中发现的房址为平地砌墙的地面建筑，属新发现，大型的石质砍砸器作何用途尚待研究，灰坑内埋葬人和动物的习俗在此遗址中较为常见。纳卡遗址新资料为研究青铜时代早期人们的生产、生活及社会形态提供了不可多得的实物资料。

撰文：陈海清

大通上孙家寨史前时期墓地

上孙家寨隶属大通回族土族自治县后子河镇，南距省会西宁市约 15 公里，北距大通县 18 公里。遗址位于北川河西岸的上孙家寨村西北部，（西）宁大（通）铁路和（西）宁张（掖）公路在遗址东侧南北穿过，寺沟河在遗址北部由西向东流入北川河。遗址分布在寺沟河南岸的台地上，海拔 2357 米。

1973 年为配合青海省木材储运公司基本建设工程对该遗址进行了大规模科学发掘，1981 年发掘工作结束，历时 9 年。参加本次工作的单位有青海省文物考古队（现为青海省文物考古研究所）、中国社会科院考古研究所甘青队、甘肃省博物馆以及青海省部分州县的文物工作者，北京大学、西北大学、吉林大学的部分师生短期参加了实习发掘及整理工作。

发掘工作先后由青海省文物考古队赵生琛、陈国显、卢耀光、苏生秀、刘万云、陈继厚、李国林等主持。先后参加发掘工作的人员还有青海省文物考古队的苟相全、李恒年、刘溥、任晓燕、吴平、陈海清、袁桂青、刘香莲、李湘茹、李明、王琦以及西宁市文教局张金庄、西宁市文化馆钟宁、循化县文化馆的葛菊梅、湟源县文教科的瞿先录。

该墓地延续时间长，时间跨度大，既有遗址又有墓葬，文化内涵丰富，包含有新石器时代马家窑文化，青铜时代的齐家文化、辛店文化、卡

遗址北部远景

遗址南部远景

发掘现场

约文化、唐汪类型墓葬，本文中仅将各种不同文化类型墓葬的基本情况作以简要介绍。

共发掘新石器时代和青铜时代墓葬1112座，其中马家窑类型墓葬21座，齐家文化墓葬2座，辛店文化墓葬12座，卡约文化墓葬565座，唐汪类型墓葬512座。出土文物包括生产工具、生活用具、装饰品等3万余件，按质地可分陶、石、骨、铜、金、玉器等。

马家窑类型墓葬共21座，墓葬形制皆为竖穴土坑墓，平面呈方形，长宽一般约3米，坑内再用木板构筑方形木框，边长约 2 米。木框通常低于墓口 0.3～0.5 米，加入木框后整个墓室平面呈回字形，墓室深约 1.5 米，构筑方法为先挖好土坑，再构筑木框，木框外再用土踩踏填实，待放置人架、随葬品后，在木框顶部覆盖圆木或木板、树枝后，再用土填埋。

埋葬方式以单人葬为主，亦有男女合葬墓。从部分墓葬墓边不清、墓葬填土有扰动情况，室内骨架普遍零乱不全、高低不平分析，葬式以二次扰乱葬为主。此外，马家窑类型墓葬中某些遗迹现象表明还存有火葬葬俗，如在出土"舞蹈纹"彩陶盆的 M384 中，即有烧焦的人骨残块、木炭及红烧土，与舞蹈纹盆伴出的还有骨纺轮、海贝、穿孔蚌壳、骨珠和牛蹄、牛尾骨等。这种葬俗在青海省同德县的宗日遗址马家窑类型墓葬中也有发现。

马家窑类型的陶器以细泥红陶和夹砂红陶为主，彩陶占很大比例，细泥红陶多为钵、碗、盆、罐等小型器物，夹砂红陶多为大型容器瓮、壶等，彩陶器有盆、钵、罐、壶、勺等，彩绘以黑彩为主，间有白彩。纹饰常见的有平行条纹、连弧纹、弧线三角纹、圆点纹和网纹等，彩绘纹饰笔法细腻，线条流畅，构图严谨，代表了马家窑类型彩陶绘画艺术的最高水平。其中 M384 中出土的"舞蹈纹"彩陶盆，内壁绘有三组五人连臂花纹。彩陶盆内壁的"舞蹈纹"图案为我国原始社会美术、舞蹈史的研究提供了珍贵的实物例证。

在随葬陶器中有一个特殊的现象，即将一件破碎的彩陶壶分别葬入不同性别的两座墓葬之中，两墓相距 60 余米。M268 为成年男性单人葬，随葬有一件彩陶壶口颈部；M369 为成年女性单人葬，墓中随葬有一件彩陶壶肩下部，这两座墓

M384 出土舞蹈纹彩陶盆

M384 出土舞蹈纹彩陶盆纹饰展开图

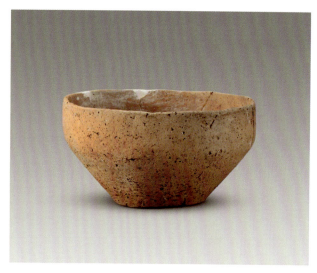

M219 出土陶钵（马家窑类型）

M364 出土陶盆（马家窑类型）

M375 出土彩陶盆（马家窑类型）

随葬的彩陶壶陶片经拼对为一件完整器皿。这件陶壶是否是有意打碎我们已无从知晓，但一件器物分别放在男女墓中应该有着深刻寓意。

其他器物有陶球、石球、石铲、石环、骨鱼钩、骨珠、绿松石珠、海贝、蚌壳等，个别墓葬中还发现牛、羊、猪、狗、鱼等骨骼，表明家畜饲养和渔猎经济占有一定比例。

齐家文化墓葬共 2 座。墓室规整，均为长方形竖穴土坑。葬式为侧身屈肢葬与二次葬。随葬品以陶器为主，器形有双大耳罐、双耳罐、单耳杯和侈口粗陶罐。泥质红陶器壁较薄，器形规整，打磨光滑，部分双大耳罐腹部饰紫红色同心三角纹以及耳部饰镂孔人面纹。其他随葬品还有石饰、绿松石等。

此外，在上孙家寨遗址中还发现有齐家文化灰坑葬，举 H37 为例，坑口为椭圆形，直径 1.8 ～ 2.46、深 2 米，剖面呈袋状。内填灰黄色草木灰，夹杂木炭和白灰，内含大量石块、陶片等。共出石刀 2 件，骨锥 2 件，还有残骨针、骨饰件和加工过的鹿角 1 节。灰坑可分三层堆积，第一层距坑口深 1.44 米发现狗骨架 1 具；第二层距坑口深 1.72 米处发现侧身屈肢女性骨架 1 具；第三层距坑口深 2 米处即灰坑底部发现猪骨架 1 具，猪骨架的胸部还残留着腐朽的谷物痕迹，这种灰坑葬习俗是齐家文化中的一种常见葬俗，这与甘肃永靖张家嘴齐家文化遗址等地出现的情况是一致的，但人与猪、狗同坑埋葬的现象尚属少见。

辛店文化墓葬共 12 座，墓室形制有竖穴土坑和竖穴偏洞墓两种结构，竖穴偏洞墓在洞口处一般都有横放的木板作封门。葬式有二次扰乱葬、俯身葬，二次扰乱葬骨架零乱不全，有的骨骼在填土之中。均无葬具。

随葬品以陶器为主，器形主要有双大耳罐、腹耳壶、盆、鬲，还有陶纺轮、绿松石珠、骨珠、骨管、骨纺轮、玛瑙珠、铜铃、海贝等。

卡约文化墓葬共 565 座，有竖穴土坑墓及竖穴偏洞墓两种结构。竖穴土坑墓呈长方形，一般长 2 米，宽深一般约 1 米。竖穴偏洞墓，一般在洞口有木板封门痕迹，偏洞通常略长于墓室。

埋葬方式以单人葬为主，还有合葬墓及少数瓮棺葬。葬式有仰身直肢葬、俯身葬、二次扰乱葬、二次葬（或迁葬）。其中二次扰乱葬比较复杂，有的人骨架全部扰乱，有的肩部以下完整，有的股骨以下完整，有的胫骨以下完整，还有的一条腿完整或仅存上体骨骼或只有头骨，其余部位扰乱。在二次扰乱葬墓葬填土中时常发现有零乱或残碎的人骨，这是青海地区比较特殊的一种葬俗，应与当地的某种原始宗教信仰有关。

卡约文化墓葬出土的陶器以掺杂陶末的粗红

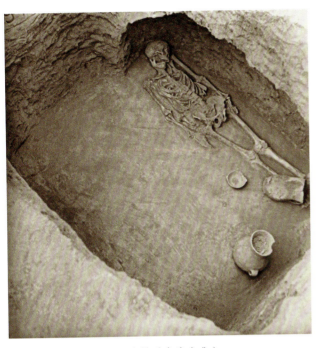

M946 全景（辛店文化）

M1020 下层人骨架（辛店文化）

陶为主,细泥陶和彩陶较少见。器表和口沿内部多施紫红色陶衣或红褐色陶衣,器表粗糙,大多数陶器底部为圈足。常见的陶器组合为粗陶双耳罐、泥质红陶双耳罐及双大耳罐,还有少量的四耳罐、肩耳罐、单耳罐、壶等。

石器有石斧、石锤、残石刀、石臼、砺石,还有细石器。骨器有骨铲、骨纺轮、骨针、骨镞、骨管、骨珠。卡约文化墓葬的铜器也比较丰富,

M1020 出土彩陶壶(辛店文化)

M1020 出土彩陶双耳罐(辛店文化)

主要有铜削、铜斧、铜镞、铜锥、铜镜、铜环、铜铃、铜管、铜泡、铜饰。其他随葬品有绿松石珠、玛瑙珠、琥珀珠、海贝、蚌壳、牙饰以及仿贝饰。

卡约文化墓葬内普遍随葬有粮食,并有骨铲出土,普遍殉牲,用猪、羊腿和肩胛骨、肋骨随葬。随葬品反映出卡约文化时期这一地区农业已相当发达,同时兼营畜牧业和狩猎。

唐汪类型墓葬共 512 座。墓葬形制有竖穴土坑、竖穴偏洞墓两种。其中竖穴土坑墓中无木棺的墓葬,规模小,墓室长约 2、宽 1、深约 1 米。多数人骨没有葬具,部分人骨有垫板。竖穴土坑有木棺的墓葬规模大,个别规模大的墓室平面呈凹字形。墓长 3 米以上,宽、深 2 米以上,有熟土二层台。木棺规整,榫卯结构,长约 2、宽约 1 米,高一般与二层台平齐,形状有长方形、井字形和梯形。竖穴偏洞墓,墓室长 2、宽约 1.5、深约 1.5 米,偏洞在长方形竖穴土坑一侧,偏洞略短于竖穴墓室,底部齐平,洞壁为弧形,洞口距墓底约 1 米,洞室宽约 0.6 米。

埋葬方式有单人葬,还有母子合葬、男女合葬、同性合葬。葬式以仰身直肢葬、二次葬为主,还有俯身葬。

随葬品陶器组合以粗陶双耳罐、双耳罐、双大耳罐三大件为主,还有四耳罐、单耳杯、双耳直筒杯等。粗陶双耳罐器形较大,是常用的炊具,腹部多有烟熏痕迹,罐内常见腐朽的谷物痕迹。陶质可分粗红陶和细泥红灰陶两种,粗红陶流行陶泥中夹杂碎陶末的制作方法。陶器器表一般涂有一层细腻的红陶衣,彩陶器占有一定比例,均打磨精致,显有光泽,腹部纹饰多流行涡纹间有双线回纹,颈肩部多饰斜平行线纹及变形"S"纹,耳部饰"X"纹和斜平行线纹或在耳上方饰戳印纹。

其他器物石器有石刀、石凿、砺石,砺石一

M952 墓室全景（卡约文化）

M975 瓮棺（唐汪类型）

M1025 墓室（唐汪类型）

M1042 墓室全景（唐汪类型）

M553 出土彩陶双耳罐（卡约文化）

M792 出土彩陶双耳罐（卡约文化）

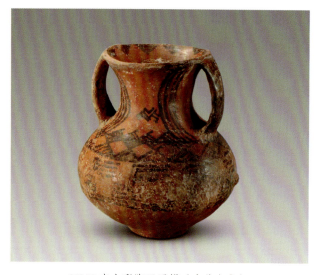

M952 出土彩陶双耳罐（卡约文化）

般与铜刀伴出，应为磨刀石；骨器有骨纺轮、骨镞、骨锥、骨针、骨管、骨雕饰、骨珠、骨饰品等；铜器常见的有铜削、铜凿、铜戈、铜镞、铜锥、铜镜、铜环、铜铃、铜泡、铜饰等。铜器均为模制，器形规范。装饰品种类较丰富，器类有海贝、玛瑙珠、琥珀珠、绿松石珠、蚌壳、骨贝、石膏石贝、牙饰（主要有獐牙，尚有少量鹿牙、狗牙，皆穿孔），另有金耳环（用金丝扭成）、金贝（用金箔包制而成）。

唐汪类型墓葬中，较普遍的随葬有粮食，杀殉动物习俗较普遍，一般用牛的头部、尾部及蹄随葬，个别大型墓葬殉有数批马或牛，在大型的竖穴木棺墓中多有殉牛或马、狗的现象，殉葬个体多达四具之多，体现出了墓主人身份的贫富之别，也表明经济生产已达到了一定的水平，产业模式以农业为主，畜牧业也占有一定比重。

上孙家寨史前时期墓地的考古发掘，拉开了青海省基本建设考古的序幕。这处墓地包含的文化类型丰富，延续时间颇长，年代早迄马家窑时期，晚至青铜时代卡约文化，建立了湟水上游地区早期文化谱系，迄今为止也是青海地区史前时期一处十分难得的重要墓地。马家窑类型墓葬的发掘，是继甘肃首次发现这类墓葬的重大突破。

M703 出土陶双耳罐刻划纹饰（卡约文化）

M226 出土彩陶双耳罐（唐汪类型）

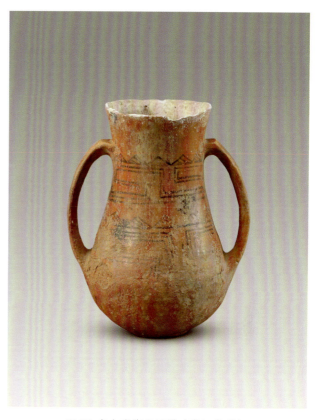

M450 出土彩陶双耳罐（唐汪类型）

M510 出土彩陶双耳罐（唐汪类型）

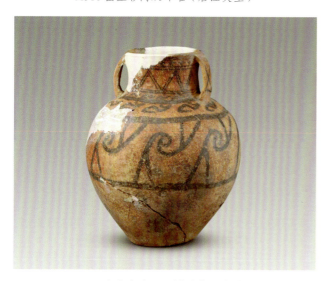

M816 出土彩陶双耳罐（唐汪类型）

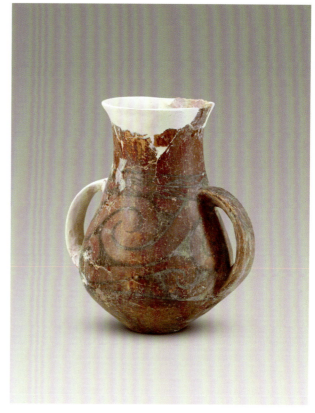

M503 出土彩陶双耳罐（唐汪类型）

M66 出土铜牌（卡约文化）

M723 出土铜牌（卡约文化）

M120 出土铜镜（卡约文化）

M801 出土铜铃（卡约文化）

M240 出土铜铃（卡约文化）

M165 出土铜泡（卡约文化）

M165 出土铜泡（卡约文化）

M118 出土铜镞（卡约文化）

M761 出土铜斧（卡约文化）

M303、M303、M303、M165 出土骨饰（卡约文化）

M670、M165、M670 出土骨镞（卡约文化）

M455 出土金贝（卡约文化）

M303 出土铜铃（唐汪类型）

M528 出土铜狗（唐汪类型）

M410、M311 出土铜铃（唐汪类型）

M303 出土石饰（唐汪类型）

M311、M118 出土砺石（唐汪类型）

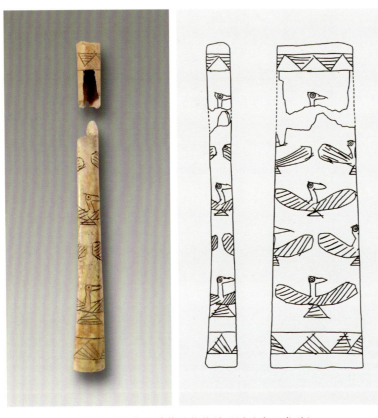

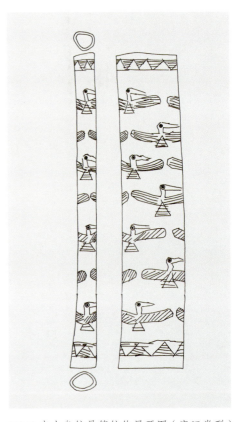

M912 出土鸟纹骨管及纹饰展开图（唐汪类型）　　　　M912 出土鸟纹骨管纹饰展开图（唐汪类型）

M1091 出土鸟纹骨管及纹饰展开图（唐汪类型）

M503 出土鹿纹骨饰（唐汪类型）

M306 出土涡纹骨饰（唐汪类型）

M303 出土耳珰（唐汪类型）

M303 出土海贝（唐汪类型）

M303 出土玛瑙珠（唐汪类型）

其墓葬形制、葬式及随葬品的组合等为进一步研究马家窑类型的葬俗提供了一批新的资料。青铜时代墓葬，从早期齐家文化到辛店与卡约文化及唐汪类型遗存，包含了青海湟水地区青铜时代各个阶段的不同文化，为进一步建立青海东部地区青铜时代的编年体系，从文化环境、经济形态、人种与民族等多角度揭示该地区青铜时代文化面貌提供了极为重要的资料。

撰文：卢耀光　李国林

尖扎直岗拉卡遗址

直岗拉卡遗址位于黄南藏族自治州尖扎县直岗拉卡乡直岗拉卡村南约 200 米处黄河南岸的第二台地上，台地东西长约 5000 米，由北向南纵深 200 余米，高 50 余米，台地被雨水冲刷成前沿分离、后部相连的山头。山头上部为厚 10 余米的黄土层，下部为砾石层，即将建设的李家峡水电站将此处作为浇筑大坝的砂石料场用地。

为配合李家峡水电站工程建设，青海省文物考古研究所于 1991 ~ 1992 年对此处遗址进行了抢救性发掘。由于施工方水电部第四工程局在前期设计规划时，将砂石料场根据自然地形由东向西标定为 1 ~ 4 号山头，发掘地点沿用了原设计的命名。发掘领队陈海清，工作人员孙鸣生、胡晓军、窦旭耀、许淑珍、王忠信、李梅菊、孙小妹、邹宁。

1 号山头面积较大，据自然地形，将此山头分为了六个小区，文物遗存主要分布在一区、二区与三区。一区发掘面积 200 平方米，为马家窑文化半山类型遗存，文化层堆积厚 0.3 ~ 0.5 米，出土少量陶片，地层内有一些柱洞，应是当时人们的居住场所。二区为卡约文化墓葬区，共发掘卡约文化墓葬 22 座，其墓葬形制为长方形竖穴土坑，内置一棺，单人葬，随葬品一般 1 ~ 3 件，主要器形有双耳罐、单耳罐、花边口沿罐。如 M5，为竖穴土坑，略呈圆角长方形，墓

F3 全景

向 90°，东西长 1.53、东
端宽 0.73、西端宽 0.65、
深 1 米，内置井字形木棺
1 具，棺长 123、宽 44 厘
米，棺内葬一人，头向西，
人骨腐朽严重仅存痕迹，
随葬品 3 件置于木棺东北
侧，为粗陶单耳罐 1 件、
粗陶双耳罐 2 件。三区为
卡约文化居住区，发掘房
址 2 座，分为圆形与方形，
用河卵石砌墙，比较简陋。
如 F2，圆形，外径 2.2、
内径 1.7 米，石墙残高 0.6
米，门朝东，宽 0.8 米，
屋内未见柱洞与灶坑。

3 号山头面积较小，
台地南北长约 120、东西
宽 30 ~ 50 米，共发掘 5
米 ×5 米 探 方 19 个、2
米 ×4 米探沟 11 条。遗址的文化堆积较薄，内
涵为马家窑文化半山类型与卡约文化，除一些不
规则的灰沟外，无其他遗迹；遗物只有陶片和一
些兽骨。

4 号山头面积较大，自然冲积沟将其分割成
数块台地，为便于发掘，根据自然地形，将山头
分为 5 个小区。

在一区发掘 5 米 ×5 米探方 40 个，此区域
文化遗存有两种，上层为齐家文化，包括 2 座房
址、1 座墓葬和一些灰坑；下层为马家窑文化半
山类型，发现 1 座墓葬和少量灰坑。二区发掘 5
米 ×5 米探方 7 个，清理齐家文化房址 5 座、灰
坑 10 个。三区发掘 5 米 ×5 米探方 23 个，清理
齐家文化房址 1 座。四区发掘马家窑文化半山类
型墓葬 17 座、齐家文化墓葬 1 座。五区发掘 5

F5 全景

米 ×5 米探方 52 个、2 米 ×4 米探沟 41 条、清
理齐家文化房址 1 座、灰坑 8 个、灰沟 4 条。

4 号山头发掘区域发掘房址共 10 座，皆属齐
家文化，结构半地穴式，构筑较规整，地坪基本
都用白灰、细沙及黄土掺和抹光或用红土平整烧
烤，残存墙壁也留有白灰面痕迹。如 F5，位于 4
号山头二区中部，平面呈长方形，东西长 3.8、
南北宽 3.5、深 0.3 米，房内四角及西、南、北壁
中部各有 1 个柱洞，柱洞直径 0.16 ~ 0.26、深 0.5
米，柱洞内壁用红胶泥抹光。房子中部有一椭圆
形灶面，径 0.6 ~ 0.65 米。门向东开，门宽 0.8 米。
房外北侧有一长方形灶面。房内及门口地面皆用
红胶泥抹光修整，房内出土有磨棒、石刀等工具。

灰坑较规整，形状有方形与圆形，前者居多。
H4，长方形袋状，口径 1.44 ~ 1.78、底径 2.18、

M18 全景

绘图现场

深 2 米，坑壁修整光洁，应是贮存物品的窖穴。根据地层及坑内堆积，该灰坑皆属于齐家文化。

　　在此区域发掘的马家窑文化半山类型墓葬墓坑为圆角长方形或椭圆形，葬式皆为二次扰乱葬，均有葬具。随葬陶器 2 ~ 3 件，器物组合一般为 1 件彩陶壶（或素面陶壶）和 1 件陶盆（少数墓葬另有 1 件陶罐）。如 M12，圆角长方形竖穴土坑，墓向北偏西 45°，长 2.6、宽 1.1、深 2.3 米。内置长方形木棺，长 218、宽 70、高 40 厘米，棺内仅存两根上肢骨与一根下肢骨。随葬彩陶壶、

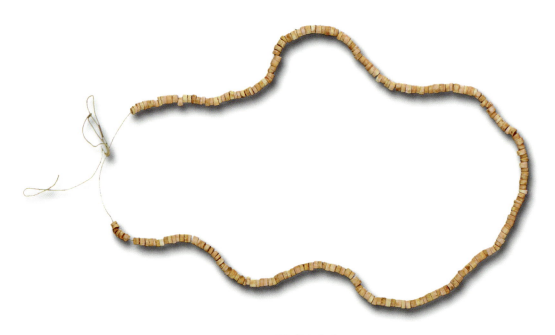

M3 出土骨珠

M4 出土彩陶壶

M7 出土彩陶单耳壶

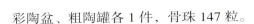

M10 出土彩陶单耳壶

M12 出土彩陶壶

彩陶盆、粗陶罐各 1 件，骨珠 147 粒。

齐家文化墓葬只有 1 座，编号 M1，长方形竖穴土坑，墓向南偏西 34°，长 1.65、宽 0.68、深 0.9 米，墓内有井字形木棺 1 具，仅存棺痕，长 130、宽 40、残高 18 厘米，棺内人骨腐朽仅辨痕迹，随葬品仅在人骨右上臂内侧放置石璧 1 件。

4 号山头墓葬中出土的完整器物基本都为马家窑文化半山类型，特别是其彩陶壶较精美，共出土彩陶壶 11 件，器形大小不一，表面饰有红彩或黑彩。M4：2，双耳彩陶壶，泥质红陶，高直颈，斜肩，鼓腹，平底，口外侧有对称双附耳，腹部对称双耳，饰带纹，红黑双彩间饰，口径 8.2、底径 10.2、高 30 厘米。M12：1，双耳彩陶壶，泥质红陶，口微侈，斜直颈，斜肩，鼓腹，

M14 出土陶壶

H1 出土双大耳罐

M18 出土粗陶盆

平底，对称腹双耳。器表纹饰有带纹、波折纹、锯齿纹，红黑双彩，口径 7.3、底径 8.3、高 17.3 厘米。M10：1，单耳彩陶壶，泥质红陶，口微侈，斜直颈，鼓腹，平底，口外一侧单肩颈耳，口、颈部饰红黑相间的带纹，腹部饰红黑相间的弧状波折纹，口径 8.3、底径 8.3、高 22.2 厘米。

直岗拉卡遗址文化层堆积虽然不是很厚，但包含的文化内涵较丰富，从新石器时代的马家窑文化半山类型到青铜时代的齐家文化、卡约文化都有发现。从一个侧面反映出当时人们比较稳定的生活环境，对研究、探讨黄河上游地区先民们的生产、生活状况提供了较重要的实物资料。

撰文：陈海清

大通黄家寨墓地

大通黄家寨墓地，位于大通回族土族自治县黄家寨乡黄家寨村。1985 年为配合青海铝厂基建工程，青海省文物考古队（现省文物考古研究所）和吉林大学历史系考古专业共同组成发掘队对该墓地进行了抢救性发掘。领队高东陆，发掘人员有省考古队吴平、刘小强、孙小妹、顾希娟和吉林大学考古专业研究生许永杰、李伊萍以及本科生刘斌、刘学堂、田亚岐。

黄家寨村清理发掘齐家文化墓葬 2 座、卡约文化墓葬 24 座、汉墓 1 座。其中汉墓本文从略。墓地共发掘不同时期的墓葬 26 座，出土不同质地的文物近 200 件。

齐家文化墓葬 2 座。墓葬形制为长方形土坑墓，均为单人葬，骨架凌乱，葬式不清，无葬具，随葬有陶器 3 件及少量装饰品。

卡约文化墓葬共 24 座。大多为长方形土坑墓，少数墓葬形状、葬式略有不同。M5 平面呈刀把形，长 4.75、宽 3.00 ~ 3.75、深 1.5 米，墓室分南北两部，北部放置东西向木棺，长 210、宽 93、残高 50 厘米；南面与棺底处于同一平面，其他三面为生土两层台，墓底铺一层河卵石。棺内一成年男性，为二次扰乱葬，出土随葬品 22 件，仅有少量陶器，还有马蹄及狗骨架一具。M16 平面亦呈刀把形，墓周边不甚规整，南北长 3.68、东西宽 3.1、深 1.55 米，墓底东高西低。人骨架在墓室北部，成年女性，二次扰乱葬，无葬具。出土随葬品 9 件，以装饰品为主，还随葬有牛头 2 个、牛蹄 8 只、狗头 2 个、狗爪数只、羊骨等动物骨骼。以上两座墓葬规模大、性质较特殊，两座墓内填满砂石、石块、黄土。其余 22 座墓均为小型长方形土坑墓，单人葬，葬式各不相同，仰身直肢的 9 座、二次扰乱葬的 11 座、侧身屈肢葬的 11 座、俯身屈肢葬 2 座。

众多的出土遗物中，文物精品当属青铜器，比如 M16 出土的铜鸟杖首，形象生动，栩栩如生，工艺极为精巧。此鸟饰青铜质，范铸合成，鸟体中空，内有圆形石丸 1 粒，应为铃舌。铜鸟呈立式，挺胸昂首，双眼圆睁，目视远方，喙成钩状，张嘴鸣叫，头顶齿状立式冠，身体饱满浑圆，尾部展开呈欲飞状。鸟身两侧镂空成三个弧形长条孔，以示鸟翅，双腿以镂空的圆管表示，此鸟饰应是被插在某一物件上的杖饰。M5 出土 1 件钟形环纽铜铃，合范铸成，铃壁较厚，直径 4.2、高 7.3 厘米。铃顶端置方形环纽，铃内中空，有棱柱形铃舌，周身无孔，铃壁上部微鼓，下部渐渐内收，口部外敞。整个钟体饱满，线条流畅，体形相对较大，同类型的铜铃在卡约文化遗存中较少见到。该墓还出土 1 件鹿纹骨管，骨管利用动物肢骨磨制加工，中空，横截面呈三角形，长 22、径约 1.5 厘米。通体以刻刺法形象地表现了 3 个半鹿纹图案，且上下排列环绕着骨管表面。鹿纹体态轻盈，呈站立姿态，头顶树杈形鹿角，目视前方，双唇微张，昂首鸣叫，生动形象地描绘了鹿的生活瞬间，也反映了当时人们对大自然生活环境的深刻

M2 出土双耳罐（卡约文化）

M10 出土单耳杯（卡约文化）

M3 出土双耳罐（卡约文化）

M16 出土铜鸟杖首（卡约文化）

M5 出土铜铃（卡约文化）

 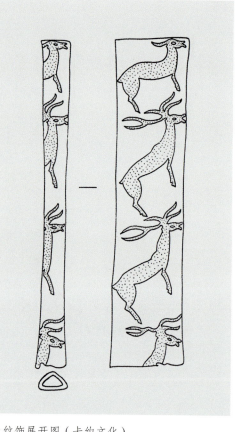 

M16 出土鹿纹骨管及纹饰展开图（卡约文化）　　　　　　M16 出土鹿纹骨管（卡约文化）

体验，表明鹿与当时人们生活之密切。

黄家寨墓地，内涵较为丰富。该墓地属齐家文化的墓葬虽然只有 2 座，出土遗物又少，但齐家文化 M20 被卡约文化 M14 打破，这为齐家文化与卡约文化层位关系提供了依据，从出土陶器特征分析卡约文化早期也受到齐家文化因素影响。从发掘的 24 座卡约文化墓葬分析，不仅扩大了对卡约文化研究的范围，还增添了新的实物资料。卡约文化 M5、M16 规模较大，葬俗特别，随葬品较丰富，特别是精美的铜器和骨器，为进一步探讨卡约文化经济形态提供了实物资料。

（本文内容摘自马兰、刘杏玫《大通县黄家寨、杨家湾墓地发掘简报》，《青海文物》1989 年第 2 期，按本书内容要求作了修改，特此说明）

撰文：崔兆年　陈荣

尖扎鲍下藏遗址

鲍下藏遗址位于黄南藏族自治州尖扎县直岗拉卡乡鲍下藏村西约 500 米的台地上。地处黄河西岸二阶地，距黄河约 1.5 公里，海拔 2100 米。

该遗址是一个独立的小土包，黄土层厚 2 ~ 5 米，其下为砂石层。由于自然侵蚀，周边泥土流失严重。土包形状近椭圆形，东西长 50、南北宽 35 米。地势西高东低，呈斜坡状，坡度较大。

1983 年 4 月，为配合黄河上游李家峡水电站工程建设，对化隆、尖扎、贵德三县库区范围内进行考古调查。1987 年又再次对此遗址进行了调查，地面采集到青铜时代卡约文化粗陶壶、大口

瓮、鬲足、双耳罐等残陶片。

1991 年 7 月为配合李家峡水电站的沙石取料场工程，对鲍下藏遗址进行了发掘，历时 3 个月。发掘人员有吴平、贾鸿键、窦旭耀。布 5 米 × 5 米探方 34 个，发掘面积 850 平方米。共清理石砌房址 3 座、灰坑 23 座、墓葬 8 座。

3 座石砌房址，所用石材均为扁平长条形或椭圆形河卵石块，石缝间填加有泥土，用以加固墙体。房址中有 2 座单室、1 座双室，分述如下：

单室（F1、F2）2 座，为南北排列，共用一道隔墙分为南北两室。F1 位于北侧，平面形状不

遗址远景

F1、F2 全景

规整，略呈梯形。坐西朝东，门开东侧，门宽1米。东墙长4米（包括门道），石墙坍塌，残存局部；北墙长5米，墙体略坍塌，似用单排石块垒砌；西墙长3米，墙体用单排石块垒砌，宽0.4米；南墙为F1、F2的隔墙，长4米，保存较好，墙体用双排石块垒砌，宽0.9米，室内为硬土地面。F2位于F1之南，因南侧已破坏，故门向及现状均不详。

双室1座（F3），由大、小两室组成，南北排列，两室的西侧墙体在一条直线上，未用石块垒砌墙体，从局部残存有夯土痕迹分析，西墙可能为土墙，其余三面墙体均用石块修砌。小室位于大室之南，平面略呈梯形，西侧略长于东侧。坐西朝东，门开东墙北侧，门道宽0.86米。东侧石墙长1米，南侧石墙长2.7米，北侧石墙长1.9米（属大室南墙的西段墙体）；西墙长2.4米，未用石砌。在小室的西侧有瓢形灶，长0.4、直径0.36米。

大室位于小室之北，平面呈长方形，较规整。东墙长6.4、宽0.8米；北墙长3.9、宽0.4米；南墙中部开门，通往南室，门道宽0.65米，门道将石墙分为东西两段，东段为大室独立墙体，长2.55米，西段为双室共有墙体，长1.9米；西墙长6.6米。在大室中部有一处火塘，修筑规整，呈椭圆形，长2.4、宽1.2米，红烧土厚0.08～0.19米，火塘内存有较硬的白灰烧土，厚0.3米。

在房址周围分布圆形及椭圆形窖穴或灰坑23座。多为直壁，平底或圜底，有的坑壁一侧砌石墙，有的坑底堆放大小不一的乱石块，数量不等，一至数十块，或底部铺有一层石块。有的坑内放有陶鬲、陶壶等，有的坑内存有大量木炭渣、兽骨、陶片等。H3窖穴内除石器、陶壶外，还出土有2件陶鬲。2件陶鬲器形、尺寸基本相同，侈口，平唇，袋状足，足尖作圆锥形。此器形与民和核桃庄拱北台遗址1号灰坑出土的唐汪类型陶鬲特

F3 全景

F3 内火塘

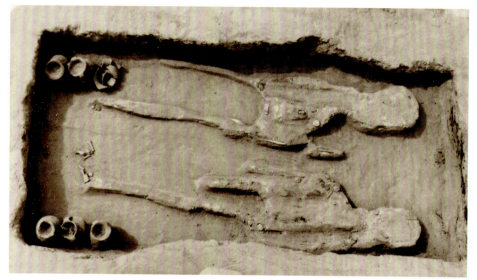

M2 合葬墓

H3 窖穴

H16 灰坑内石块

M1 瓮棺葬

点接近，反映了这一地区卡约文化与唐汪类型关系较为密切。已调查的卡约文化遗址经常发现有陶鬲残片，但未见到有完整器物；在卡约文化墓葬随葬品中至今亦未见葬有陶鬲，这座窖穴中新发现的完整陶鬲，无疑为卡约文化面貌等研究提供了物证。

H3 出土陶鬲

墓葬形制，竖穴土坑，平面形状有长方形、近方形、长椭圆形三种。墓口长 0.85 ～ 2.04、宽 0.5 ～ 0.98 米，墓坑较浅，深 0.15 ～ 0.4 米。大多数墓葬已无葬具，仅 3 座墓室内残存木棺朽痕。葬式作仰身直肢葬和仰身屈肢葬。8 座墓中，有 2 座单人葬，M4 仰身直肢，为一小孩，随葬铜泡，

无陶器。M5 仰身屈肢，成年，下肢一侧随葬陶器 3 件。1 座合葬墓（M2），成年，仰身直肢，两头骨面部相对，下肢两侧各随葬陶器 3 件。骨骸甚腐朽，性别不详。3 座迁葬墓，墓内人骨多已迁出，个别墓仅存零星碎骨，2 座墓内遗留有陶器 3 ～ 5 件。2 座瓮棺墓，其中 M1 瓮棺采用大口双耳罐与陶瓮相和而成。值得注意的是 M2 与 M3 相距 9 米，在两墓开口处南北两侧各放置一石块，有可能是墓葬的某种标志。

随葬品以陶器为主，器形较小，以双耳罐、无耳堆纹罐、单耳罐为主。陶质均为夹砂红陶，灰陶偶见，手制为主。陶质、器类特征均具卡约文化典型特点。装饰品有铜泡、铜方饰、骨珠等。

鲍下藏遗址的发掘，首次发现了卡约文化石头房址，为研究卡约文化居址结构增添了新材料，同时也拓宽了对其文化内涵研究的新视野。

注释
格桑本《青海民和核桃庄拱北台西路一号灰坑出土的唐汪类型陶器》，《青海省考古学会会刊》1983 年第 5 期。

撰文：吴平

化隆吉亥塘墓地

吉亥塘墓地位于化隆回族自治县群科镇日兰村然果三社西南附近，距群科镇政府驻地约10公里，当地俗称吉亥塘。墓地地处黄河北岸二阶地，南距黄河约500米，海拔约2000米。

为配合国家重点工程公伯峡水电站的建设，2003年3~10月，由青海省文物考古研究所组队，在化隆县文物管理所的配合下，对库区及侵蚀区内分布的卡约文化聚落遗址及墓地进行了抢救性的考古发掘，历时6个月。领队吴平，发掘人员姜发春、苏德措、刘志标和化隆县文物管理所范兴海。

吉亥塘墓地原为倾斜坡地，后被修整为梯田。本次发掘依地形布5米×5米探方49个，个别墓葬向外延伸而扩方，揭露面积为1236平方米，清理墓葬33座。

墓葬开口大多在表土下，墓葬之间有两组打破和叠压关系，M17叠压在M33、M34之上；M11打破M10，故时代有早晚之别。

墓葬形制，长方形竖穴偏洞墓。墓室东壁一侧为偏洞，高0.7、宽0.45米，人骨均放置在偏洞内。墓口一般长1.5~2.75、宽0.5~1.4米，墓底宽0.66~2.08米；成人墓长约2米，小孩墓长约1.5米；墓坑深1.58~2.7米；墓向314°~357°，头北足南。

葬式以单人仰身直肢葬为主，个别为侧身直肢葬和迁葬；合葬墓只有2座，分别为成年女性与婴儿合葬墓和成年男女合葬墓，后者合葬墓中男性为俯身直肢葬，女性面向男性，侧身直肢葬。人骨保存均差。其中M13内无人骨，可能属迁葬。但随葬品极为丰富，放置有序，有金箔饰、铜斧、铜泡、铜镞、石质双连颜料器、石饰、海贝、兽骨等，由随葬品的种类反映出死者生前可能具有

墓地发掘现场

M2 海贝出土现场

M4 人骨耳部的青铜耳环

M7 墓室全景

M13 金箔饰出土现场

M13 墓室全景

M13 随葬陶器情况

M13 出土金箔饰

M13 出土铜斧

M13 出土铜泡

M13 出土石双连颜料器

一定的地位，这种现象在卡约文化墓葬中不多见。

这批墓葬出土的随葬品，有陶器、铜器、金器、骨器、石器共计 500 余件。随葬品中的陶器皆置放在人骨的足下端，器形为以大口双耳罐（饮器）、双腹耳壶（水器）、无耳堆纹罐（炊器）三件为主的器物组合，这是卡约文化墓葬最常见的陶器组合。有的大口双耳罐内放置羊骨，亦为卡约文化埋葬习俗之一。随葬品男女有别，男性随葬骨镞或青铜镞；女性随葬各类佩饰品，如 M4 为成年女性墓，除 3 件陶器外，随葬有纺轮及各类佩饰品如铜耳环、骨贝、海贝、动物牙饰、绿松石、玛瑙、骨、石串珠等。

化隆吉亥塘墓地，墓葬排列整齐，分布较密集，是一处保存完好的卡约文化墓地，它的发掘极大丰富了青海省境内卡约文化实物资料。在湟水流域所见卡约文化的墓葬盛行二次扰乱葬，而这一地区葬式以仰身直肢葬为主，除少数墓为迁葬，大多为一次葬入，未见扰乱现象，表明黄河和湟水流域卡约文化有着不同的埋葬习俗，为研究河湟谷地古羌人的生活及埋葬习俗，提供了重要的考古资料。

撰文：吴平

历史时期

平安东村墓葬及窑址

东村遗址位于平安县平安镇东村北，遗址坐落于湟水河南岸的二级台地上。该遗址于 1959 年修建兰（州）青（海）铁路时发现，遗址之上为汉代墓群，早在 20 世纪 70 年代末至 80 年代初被平安砖厂破坏。1991 年，黄河上游水电站修建李家峡转运站，转运站的修建区域坐落于部分东村遗址上。为配合此基建工程，青海省文物考古研究所在平安县文物管理所的配合下，共同对转运站内的施工区域进行了勘探与发掘。经勘探，本处遗址属一处齐家文化遗址，但遗址堆积十分不理想，故仅对已探知的墓葬及窑址进行了发掘。本次发掘共清理齐家文化墓葬 1 座、汉代墓葬及窑址各 1 座。发掘领队任晓燕，工作人员有青海省文物考古研究所乔虹、高志伟，平安县文物管理所许显成。

M2 出土玉璧

齐家文化墓葬 1 座（M2），平面呈不规整长方形，竖穴土坑。长 2.26、西头宽 1.2、东头宽 0.98 米，墓口已被破坏，残存墓坑深 0.3 米。系男女合葬墓，男性葬于棺内，仰身直肢，头向西，葬具甚朽，仅存板痕；女性葬于棺外，侧身屈肢，头向西，面向男性。

主要随葬品放置在棺外头部。男性棺前置双耳红陶罐 2 件、灰陶罐 1 件和动物骨骸，棺内放有绿松石珠 1 件，玉璧置头侧；女性棺前放有灰陶罐 1 件，罐内置陶纺轮和玉饰各 1 件。

平安东村 M2 为长方形竖穴土坑；葬式为男女合葬，男性仰身直肢，女性为侧身屈肢，面向男性。随葬品中出土有齐家文化的典型器物，泥质红陶双大耳罐和玉璧等器物。此墓的墓形、男女合葬葬俗及出土器物与柳湾墓地齐家文化相类同[①]。由此，将墓葬年代定为齐家文化。

东汉墓葬 1 座（M1），该墓的北端带有梯形

M2 出土玉饰

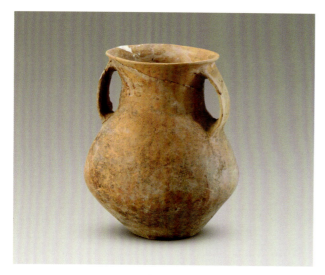

M2 出土双耳罐

M2 出土粗陶罐

M2 出土陶纺轮

斜坡墓道，墓道长 2.36、外端宽 0.72、里端宽 1.26 米。墓室结构单主室，主室东侧附侧室，均作长方形。主室长 4.2、宽 2.44 米，侧室长 3、宽 1.02 米。封门砖呈人字形，用青砖与土坯混砌；墓室内仅在墓门外端砌有一段长 0.6 米、侧室门里端砌有一段长 0.54 米的砖墙，砖墙底部铺有一层土坯，土坯之上用青砖修砌，青砖烧制较差，火候不均，砖长 36、宽 18、厚约 7 厘米。除封门及两段砖墙外，墓室的其余部分为土圹，底部也未铺砖，为砖土混构。

室内共有 4 具骨架，Ⅰ～Ⅲ号并列放于主室东侧，Ⅳ号置侧室。骨质腐朽，性别不详。Ⅰ号：成年，肢骨位于棺内，其余头骨等皆放于棺外北侧，紧靠棺木，原葬式不详，棺木长 194、宽 40 厘米；Ⅱ号：未成年，骨架甚朽，葬式似仰身直肢，葬具为垫板，长 130、宽 40 厘米；Ⅲ号：未成年，骨架亦朽，仰身直肢，葬具为垫板，长 130、宽 40 厘米；Ⅳ号：骨架甚朽，仅存少量肢骨骨痕，棺木长 200、宽 48、残高 11 厘米，棺盖被掀置在木棺南侧。

主要随葬品分布于主室西侧及棺前，有陶器、石臼、铜铎等。有些小件器物分置于棺内外，如Ⅰ号骨架棺外头前有铜镜 3 面、铜护心镜 1 面；棺内有残铁器 1 件、玛瑙珠 2 件和绿松石珠 1 件，放于头侧；铜弩机构件 3 件，分别放在Ⅰ～Ⅲ号骨架旁；铜泡和钱币散置于棺内外。

墓中出土器物共计 133 件，有陶器、铜器、铁器及玉石器等。陶器 21 件，皆泥质灰陶，器类有罐、双耳罐、碗、盆、尊五种。铜器共 60 件，器类有铜铎、环、镜、弩机构件及铜泡。其中铜铎（标本 M1：3）口部呈凹弧形，横截面呈叶片状，两侧角尖锐，半圆纽，腔内有一小铜环为舌，通体长 34.8 厘米，在青海地区汉墓中属首次发现。铜镜 3 面，标本 M1：13，圆纽，圆座，座外书有铭文"位至三公"，镜面饰有一周变形兽首纹，

M1 出土灰陶尊

M1 出土灰陶盆

M1 出土灰陶罐

M1 出土灰陶碗

三角缘，径长8.3厘米。另两面为素面镜，较特别，在汉墓中不多见，圆形不很规整，镜面无纽座，平直，镜缘有孔可佩戴。标本 M1：6，镜缘有双孔，径长9.5厘米。标本 M1：4，镜缘有单孔，径长11.8厘米。此外，还出土有石臼、残铁器、玛瑙珠、绿松石各1件，钱币57枚，以东汉晚期五铢为主，其中还有3枚东汉磨郭五铢。

墓中随葬的陶器纹饰特点，如陶罐及双耳罐器表普遍饰条纹间饰凹弦纹，这是青海地区东汉晚期汉墓陶器的典型特征；钱币中出土有东汉晚期五铢及东汉磨郭五铢；并伴出有东汉晚期"位

至三公"铜镜，推测该墓年代属东汉晚期。这座墓葬的顶部结构已不清，但由残迹仍可知该墓结构系单主室附一侧室，为砖土混构。这种砖土混构墓葬结构形式在青海汉墓中亦属罕见。

汉代窑址1处，系砖窑。窑壁现残高0.2米，距现地表1.34米。窑址平面呈五边形，由工作坑、火门、火膛、窑室、烟囱五部分组成。

工作坑：位于窑室东侧，呈不规整圆角长方形，底呈斜坡。走道长2.4、里端宽1.3米；火门：略残，正视呈五边形，顶作拱形，火门砌有两层封门砖，底长0.4、高0.3米；火膛：呈倒梯形，

M1 出土铜铎

M1 出土铜镜

M1 出土铜镜

M1 出土铜弩机

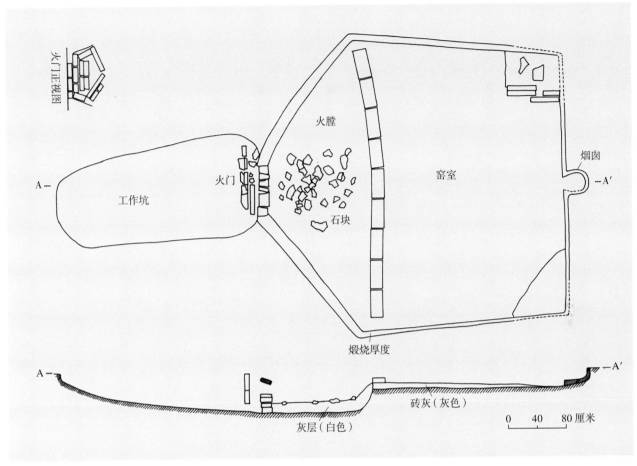

火门正视图

火膛

火门

石块

窑室

烟囱

A—

工作坑

—A′

煅烧厚度

A—

砖灰（灰色）

—A′

灰层（白色）

0   40   80 厘米

汉代砖窑平、剖面图

膛内靠火口处铺有碎石块，石块上遗存有黑色灰土层（已燃灰层），火膛低于窑室 0.36 米，火膛长 1.36、宽 0.6 ~ 3.7 米；烟囱：呈半圆形，位于窑室西壁中，与火口相对，烟囱径长 0.24 米。窑室：窑室与火膛以一砖墙相隔，青砖长约 38、宽约 19、厚约 6 厘米。窑室底部现存有一层青灰色灰土层，靠近火膛处灰土层厚 12 厘米，越往火膛后灰土层越薄。窑壁煅烧程度轻，壁面不及火膛壁面坚硬。窑室长 2.34、东端宽 3.3 米。窑室内现存有青灰色长条砖，窑室附近有碎砖，无其他遗物。

平安东村发现的这处窑址顶部已残，但平面结构基本完整。窑址内外除留有汉代灰色长条砖外，别无其他遗物，可推断该窑址应系汉代砖窑遗址。据目前已发表的资料，汉代砖窑遗址在青海省是首次发现，这处较完整的砖窑遗址的发现，为研究了解青海地区汉代墓砖建筑材料的烧制技术，提供了重要的实物资料。

注释

① 青海省文物管理处考古队、中国社会科学院考古研究所《青海柳湾》，文物出版社，1984 年。

撰文：任晓燕

大通上孙家寨汉晋墓地

上孙家寨汉晋墓地，位于西宁市大通县后子河乡上孙家寨村北，地处湟水主要支流北川河西岸的第二台地上，（西）宁大（通）铁路从墓地东缘穿过，西侧有北川渠由北向南流淌。墓葬主要分布在青海省物资局木材储运公司仓库院内外，为了发掘工作之便，将墓地分为甲、乙两区。甲区在公司仓库院内，东西长约 1000、南北宽约 500 米，面积 50 万平方米；乙区在仓库院墙外南侧，现为农耕地。因发掘工作主要是配合仓库院内的基建工程，故对院外乙区只作了局部零星发掘，并未作全面揭露。甲区的文化内涵复杂，包含有马家窑类型、齐家文化、卡约文化及汉代墓群。甲区共发掘了 170 座汉晋墓，分布相对集中；乙区仅发掘汉晋墓 12 座。

上孙家寨汉墓群，早在 20 世纪 50 年代就已

Ⅱ式乙 M1 封土

发现。1973 年为配合青海省物资局木材储运公司的基建工程，当年夏即对该墓群进行了发掘。发掘工作先后由青海省文物考古队的赵生琛、陈国显、卢耀光、苏生秀、刘万云、陈继厚、李国林等主持。先后参加的工作人员有青海省文物考古队的苟相全、李恒年、刘浦、吴平、任晓燕，短期参加发掘工作的有青海省文物考古队的陈海清、王琦、李明、袁桂青、刘香连、李湘茹等。参加本次发掘工作的单位和人员除青海省文物考古队，还有中国社会科学院考古研究所甘青队、甘肃省博物馆以及青海省部分州县的文物工作者，北京大学、西北大学的部分师生参加了实习发掘及整理工作。

182 座汉墓的墓葬形制，根据其建造墓室用材的不同，可分为三大类：土圹墓、木椁墓、砖室墓。

土圹墓共 41 座，以土坑或洞室作为墓室，没有在土圹墓室中再建造椁室或砌砖室的墓葬，均归入土圹墓中，其中有 16 座土坑墓、25 座土洞墓。土坑墓均为竖穴土坑，墓室简陋，规模狭小，仅能容身；土洞墓，土洞墓室，均有墓道，墓道的形式有斜坡墓道和阶梯墓道两种。个别墓口有封门痕迹，用立木、木板或土块封门，墓室的顶部略呈弧度，底部多为平底，少数墓室前高后低。

木椁墓 30 座。在土圹内建造有木椁的墓葬，都归入木椁墓类。椁室结构简单，单层单室，椁口为"封门"式，椁室均由底板、壁板、挡板和盖板组成，约有三分之一的椁室在紧贴壁板外侧

竖立木柱 3～5 根，用以加固椁室，在入口处，凡可断定封门结构的一般都是用木柱竖立插堵为封门。有洞室和竖穴木椁墓两种，洞室木椁墓，椁室建在带有斜坡墓道的土洞之中；竖穴木椁墓，椁室建在斜坡墓道的竖穴土坑中。

砖室墓 108 座。在土圹中修砌砖室的墓葬，均归入砖室墓。墓室用砖，多为火候高、质地硬的青灰色条砖，一般长 36～38、宽 17～18、厚 6 厘米；长条楔形砖，通常用在墓室及甬道顶部；子母砖及楔形子母砖只限用在修砌并列券墓室及顶部；质地疏散而火候偏低的红色条砖，数量少，只用于铺地及修砌墓壁；仅在 M7 中发现有模印花纹砖，纹饰单一，模印有圆圈纹；此外，个别墓门额墙上还使用各种磨砖及磨有菱形纹的条砖。砖室墓都附斜坡墓道，少数墓地表存有封土堆。其修建次序是：先挖出墓道与墓室的土坑、甬道与侧室的土洞，后用砖砌墓室及甬道，后填土，夯筑封土堆。主室均建于竖穴土坑中，侧室多砌在土洞里。主室有单室、双室与三室之分，双室，一前一后与墓道建于同一中轴线上；三室墓仅一例，一前室、并列双后室，个别墓有侧室建在主室一侧。砖室因时代早晚的不同，顶部结

M127 二次扰乱葬

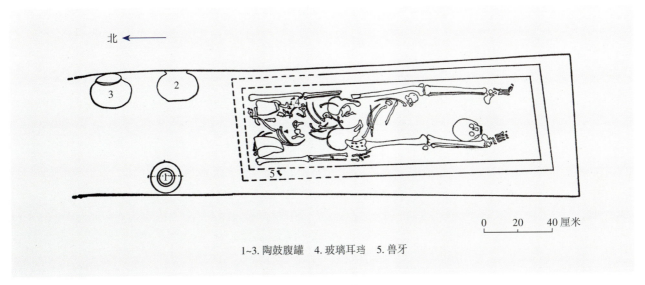

1~3.陶鼓腹罐　4.玻璃耳珰　5.兽牙

M127 平面图

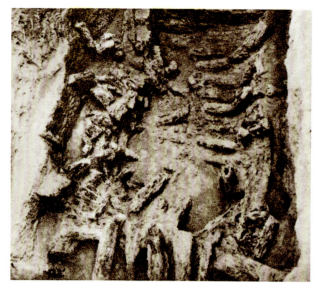

M135 椁盖

M135 椁室

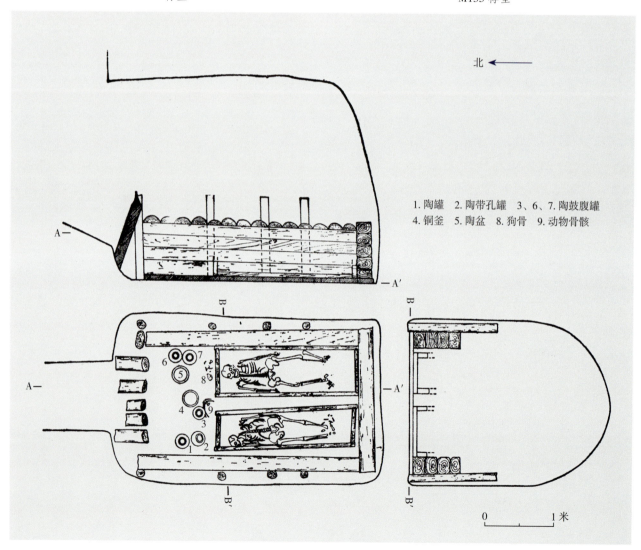

北 ←

1.陶罐　2.陶带孔罐　3、6、7.陶鼓腹罐
4.铜釜　5.陶盆　8.狗骨　9.动物骨骸

0　　　　　　1米

M135 平、剖面图

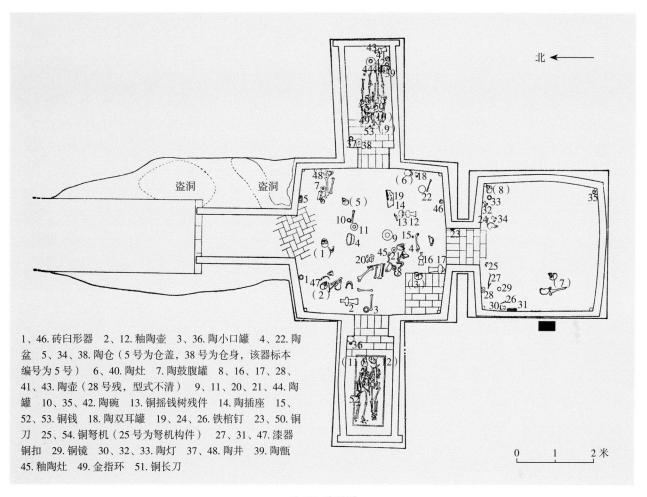

1、46.砖臼形器 2、12.釉陶壶 3、36.陶小口罐 4、22.陶盆 5、34、38.陶仓（5号为仓盖，38号为仓身，该器标本编号为5号）6、40.陶灶 7.陶鼓腹罐 8、16、17、28、41、43.陶壶（28号残，型式不清）9、11、20、21、44.陶罐 10、35、42.陶碗 13.铜摇钱树残件 14.陶插座 15、52、53.铜钱 18.陶双耳罐 19、24、26.铁棺钉 23、50.铜刀 25、54.铜弩机（25号为弩机构件）27、31、47.漆器铜扣 29.铜镜 30、32、33.陶灯 37、48.陶井 39.陶甑 45.釉陶灶 49.金指环 51.铜长刀

乙 M8 平面图

构有并列券顶、纵连券顶与穹隆顶之分。

　　墓葬形制的演变基本上是沿着中原墓葬的变化轨迹而行的，即由简单的长方形木椁墓向象征着地上宅院形式的砖室墓发展，砖室顶部的修砌技术是由并列券顶向纵连券顶再向穹隆顶发展，但新形制的产生及其发生变化的时间要晚于中原一个阶段。

　　各类墓葬的埋葬形式有别，土圹墓均未遭盗扰，葬式基本保持原貌。竖穴土坑墓只有单人葬，葬式以仰身直肢为主，侧身直肢只有两例。土洞墓有单人葬及双人合葬两种，葬式以仰身直肢葬为主，个别为侧身屈肢、俯身直肢葬、二次葬及二次扰乱葬。值得一提的是二次扰乱葬，是青海地区汉代以前较常见的一种葬式，即先以某一葬

式埋入室内，经过一段时间后，又再入墓室二次有意扰乱身体局部。这种葬式不见于中原等地的汉墓中，而在青海地区的齐家文化、卡约文化中却很常见，显然，本批汉墓中出现的这种二次扰乱葬式是承袭了当地的传统丧葬习俗；木椁墓，单葬墓有10座，2人合葬墓有20座，葬式种类基本与土圹墓相同；砖室墓中有单人葬，合葬人数除2人合葬外，亦有3～16人不等合葬，埋葬人数明显增加。砖室墓因多遭盗扰，原葬式大多已失原貌，个别未经扰乱的遗骸葬式以仰身直肢为主，其次二次葬，俯身屈肢和侧身屈肢葬较少见。

　　葬具形制，竖穴土坑墓有木棺及瓦棺两种；土洞墓与木椁墓中葬具以木棺为主，各有一例垫

M8 出土灰陶洗

M3 出土灰陶仓

M1 出土灰陶灶

M155 出土灰陶灶

板；砖室墓葬具亦以木棺为主，乙区1号墓较特殊，棺外有椁痕。

随葬品　182座墓中，有20座墓中无任何器物。从随葬品的种类及数量而言，木椁墓、双室砖室墓出土较多，土洞墓、单室砖室墓次之，土坑墓最少。随葬品共计5870件，有陶、铜、铁、铅、金、银、玉、石、玛瑙、琥珀、煤精、玻璃、料器、骨、角、漆木器等质地，还随葬有马、牛、羊、狗、鸡等多种动物。

陶器在随葬品中所占比例最大，在132座出土有陶器的墓中，共出土陶器1066件。陶质有

泥质陶与夹砂陶两大类，以泥质陶为主。泥质陶中以泥质灰陶为多数，另有少量泥质红陶和釉陶；夹砂陶有夹砂红陶与夹砂灰陶两类；还出有砖质器与未经烧制的泥坯。泥质灰陶904件，器类有各类罐、壶、瓶、盆、碗、灶、仓、井。泥质红陶15件，器类有灯、案和灶。釉陶76件，釉色以绿釉为主，黄绿釉次之，褐绿釉仅少数，器类有壶、小长颈瓶、耳杯、案、炉、灶、仓、井等。夹砂灰陶4件，器表有烟炱痕迹，器类有单耳罐、双耳罐和单耳罐。夹砂红陶8件，器类有罐、单耳罐、双耳罐和鬲。砖质器55件，多用灰色条

砖凿成，器类有灶、甑和臼形器。陶器纹饰的工艺手法有拍印、模印、轮旋、刻划4种；常见的纹样有绳纹、条纹、旋纹、水波纹等。

铜器有700多件，器类有63种之多，按用途可分为炊煮器、容器、日用器、服饰器、兵器、车马器等。大型的炊煮器和盛容器仅15件，所占比例较小，其他多为小件器物。铁器可辨器形的有48件，器类以生产工具为主，有铧、耜、镰、铲、斧、锛、刀、锥等。其他质地的随葬品以装饰品居多，其中银器中的银壶极为重要，口、腹、

底部有三组错金纹带，腹壁锤有6朵忍冬纹，是公元3世纪的安息制品。M115木椁墓中出土了一批木简，记载了汉代兵法、军法、军令，是研究汉代军事制度的一批重要资料。

随葬品中陶器的文化面貌特点反映出了一个重要现象是，土著文化陶器与汉式陶器共出，在西汉中期较普遍，随后逐渐消失。此外，其他随葬品中还可以看到一些其他民族如匈奴文化的因素，东汉晚期墓中出现的具有斯基泰风格网格纹铜带扣，类似铜牌在内蒙古二兰虎沟南匈奴墓中

M3 出土釉陶灶

M52 出土釉陶奁

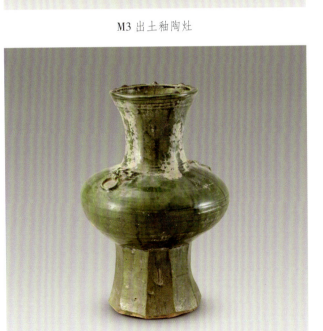
M3 出土釉陶壶

M6 出土釉陶灯

乙 M3 出土铜甗

乙 M3 出土铜盖壶

M24 出土铜牌饰

M50 出土铜镜

M155 出土铜镜

M90 出土铜带钩

M8 出土错金刀

乙 M1 出土铜印

M23 出土玛瑙珠

也曾发现过；乙 M1 出土的"汉匈奴归义亲汉长"铜印，直接指明了匈奴族的确已到此地，并且与汉人埋葬在同一墓地中，这是一座汉代的匈奴墓葬，从墓葬结构到随葬品，如灶仓井模型明器、铜镜与钱币，完全具有汉文化特征，也充分说明南匈奴入居青海后，到东汉晚期至少部分匈奴人已完全与汉族融合。根据对这批墓葬的形制结构、埋葬习俗及随葬品的基本情况分析，其文化面貌的基本特点，以汉文化因素为主体，又依时代早晚不同程度地保留有本土土著文化羌文化传统，同时还含有其他民族的因素。表现为汉式的墓葬形制与土著民族的埋葬习俗共存，汉式陶器与土著文化陶器同出。文化内涵所反映出的这一地区至少有部分汉文化因素，是在卡约文化的基础上通过突发的外来影响而逐步形成并发展起来的。就总体而言，本批

墓葬的文化面貌是以汉文化为主体，同时又包括其他的多种民族的文化因素。

这批墓葬的主要随葬品陶器的发展脉络清楚，自成序列。以陶器的自身演变为主线，经分析对比陶器墓的墓葬形制特点和可作断代器物的铜镜及钱币，同时参考他处同期墓的情况，这批墓葬可分为六期，年代早起西汉中期，晚至魏晋初期，中无缺环。因此，大通上孙家寨汉晋墓葬的分期为青海东部地区西汉中期至魏晋初期的墓葬建立了极为重要的分期标尺。文化面貌的特点所反映出的多种民族因素，为青海东部地区两汉时期的文化因素、民族文化构成、民族融合和经济状况等提供了极其重要的研究佐证。

撰文：任晓燕

乙 M3 出土银壶

0   3   6厘米

乙 M3 出土银壶肩部纹饰展开图

民和胡李家汉代墓地

胡李家汉墓原称中川乡抽匣口汉墓，位于民和回族土族自治县中川乡光明行政村胡李家村。墓地坐落在黄河谷地东端的民和盆地，河谷台地宽广，气候湿润宜人，海拔约 1800 米。东傍大马家季节河；西临洪沟；南接胡李家村和胡李家史前遗址，距黄河约 2 公里。墓地北高南低，从南向北分布于缓坡台地上。从已发掘及现分布的汉墓封土堆分析推测，该墓地墓葬从南向北、由低向高掩埋。在已发掘的汉墓北四级台地上现存数座高大的封土堆。

2001 年 10 月，村民建光明机砖厂在墓地北台地发现汉墓 2 座。青海省文物考古研究所和民和县博物馆即对其进行了抢救性发掘，同时对砖厂征地范围进行了全面勘探。2002 年 4 月及 2004 年 4 ~ 5 月，又对此墓地进行了两次抢救性发掘。该墓地前后共发掘汉墓 9 座，编号为 M1 ~ M9。

这批墓葬根据建造墓室结构用材的不同，可分为木椁墓和砖室墓两大类。木椁墓葬有竖穴木椁墓和洞室木椁墓之分，共 4 座（M4、M6、

墓群北侧

M1 全景

M1 后室

M8、M9）。木椁墓除 M4 没有发现墓道外，其余的墓葬都由墓道和墓室两部分构成。墓道的形式有两种：一种是斜坡墓道，两壁垂直，如 M6、M8；另一种是平底墓道，如 M9。墓道相对墓室的位置不同，M6、M9 的位置在墓室偏左，M8 的墓道在墓室正中。墓道宽度两端不等，在靠近墓室处略宽。墓道均未做完。墓圹平面全部呈圆角长方形，基本上较为规整。椁室建在竖穴土坑或土洞的洞室中，均为单椁单室，形式较为简单。椁室根据现存的木椁朽木观察，其结构由底板、壁板、挡板、盖板四部分组成。底板用数块木板横铺，两侧壁板用方木纵擦，前后挡板用方木横擦或前端无挡板，盖板用木板或方木横搭。壁板和挡板之间无榫卯结构，紧贴墓圹建造，间隙较小，M8 墓圹后端留有与椁室齐高的生土台。M4

的椁室十分简单，仅有数块底板作为椁室。椁室中只有 M6 发现有葬具，为 3 具木棺，陈放在椁室后部，间隙很小。木椁墓中人骨葬式有三种：仰身直肢、俯身直肢、二次扰乱葬，有多人合葬和单人葬。随葬品以陶器为主，另有铜器、铁器、玻璃器、铜钱等。陶器放置在木棺前方，铜钱一般放置口中或握于手中，数量较多的散落于椁室中，玻璃耳挡在颅骨周围。发现动物骨骼较多，有猪、鸡等，一般在棺盖上或人骨旁，没有用整牲，多用肢骨。

砖室墓共 5 座（M1、M2、M3、M5、M7）。仅 M5 现存有封土堆。砖室墓都由墓道和墓室两部分组成。墓道位于墓室前方正中。由于工期所限，墓道都未清理完整，现清理部分都是斜坡状。墓道两端宽窄不一，前端略窄，靠近墓门处

M2 全景

西南角、M3 前室西北角距地面 1.2～1.4 米有插砖。铺地砖用斜向人字纹或横平错缝平铺。前室中多摆放陶器、漆器、动物骨骼等随葬品，木棺、人骨摆放于后室。大部分墓葬被扰乱，故前室也见有散乱人骨，耳珰等随葬品多在人骨周围。

9 座墓葬均因早期盗扰，随葬品较少。M7 无任何随葬品，其余 8 座墓葬共计出土随葬品 72 件，质地有陶、玻璃、煤精、铜、铁、水晶、漆器等，还随葬有动物骨骼。

略宽。墓室全部用砖砌筑。墓砖大部分为青灰色砖，少量见红砖。砖有条砖和楔形砖两种，条砖用于砌墙铺地，楔形砖用于墓顶和甬道。砖长 36～38、宽 17～18、厚 5～6 厘米。墓室建在土圹中，分为单室和双室两种。单室墓 2 座，由于遭到盗掘，墓门结构不完整，但可以看出均有甬道。M5 残留一些顶部结构，采用楔形砖纵连弧券。M7 墓室顶部坍塌过甚，不好判别，从其有甬道来看，应该是与 M5 同类券顶。壁面用横平砌法，地面用斜行错缝平铺。双室墓 3 座，皆前后双室，M1 为双层砖，M2、M3 为单层砖。前室相同，均为穹隆顶，平面呈正方形或长方形。后室 3 座墓葬各不相同：M1 外层为并列券，里层为纵连券；M2 为纵连券；M3 为长方形穹隆顶。平面均呈长方形。墓道与前室、前室与后室都有甬道相连。墓门甬道有数重券，无额墙，门券不内收。后室甬道与墓门甬道同在一条中轴线上，券法、尺寸基本相同。甬道底部高度与后室地面高度相同，前室普遍要低 0.1～0.3 米。墓门都有封门，封门砖采用人字形或横平错缝砌法。墓壁用横平错缝或横平错缝与丁立相砌。M1 后室

陶器在随葬品中所占比例最大。在 7 座出土陶器的墓葬中，共出土陶器 43 件（其中包括 1 件泥灯和 1 件砖臼），主要有泥质灰陶和釉陶两大类，还出土未经烧制的泥坯。泥质灰陶有 19 件，胎土经精洗，细而纯，质地坚硬，火候较高，陶色呈深灰色。器类有罐、壶、盆、碗、甑、灶、

M2 釉陶器出土情况

M3 发掘现场

釜、灯、器盖。釉陶共有 21 件，泥质红胎，胎土经精洗，细而纯，陶色呈砖红色，釉色都是绿釉，器类有壶、罐、瓶、碗、案、碟、杯、瓿、仓、井、炉、尊、灯、盖。釉陶均出土于 M2 中。陶器制法主要有轮制、模制和手制三种，多数器物为轮制；模制主要是器物上的附属物，如壶的铺首、仓盖、器盖、灶面等；手制用于小型的壶、瓿等器物和器盖上的纽。器物纹饰主要有绳纹、刻划纹，通常施于器物腹部、颈部和灶身的外壁等部位。玻璃器，器类只有耳珰，共 18 件，呈宝石蓝色或天蓝色。煤精器类有 2 件耳珰，水晶饰有 1 件水晶珠。铜器与铁器共 2 件，出土于 M9 中，器类为铜带钩和铁斧。出土钱币的墓有 4 座，M8 出土位置一般置身旁，散乱无序，M4、M6、M9 出土位置均握于手中。共出土钱币 40 枚（其中残币 5 枚）。钱币皆铜制，锈蚀严重，有五铢、

大泉五十和小泉直一 3 种。

经分析胡李家汉墓墓葬形制及随葬品，并参照对比《上孙家寨汉晋墓》各期汉墓特点，胡李家汉墓年代早起西汉晚期，晚至东汉晚期。

总体来说，胡李家汉代墓葬形制与青海其他地区发现的墓葬形制基本一致，但胡李家汉墓也有自身的一些特点，如 M2 中出土了整组釉陶器组合，器类丰富。器类有釉陶耳杯、尊、壶、仓、井、碗、碟、炉、案、瓶、灯、瓿、带鋬三足罐、博山炉、灶，多达 15 种，是目前青海地区出土釉陶器最丰富的墓葬。M6、M8、M9 中出土的圆形灶，灶面素洁，周边饰绳纹，有圆形锅口和方形灶口，这种灶青海其他地区不见。M8 中出土的陶壶，饰折线和弦纹，均采用暗纹方式处理，做工精细，具有鲜明的地方特点，这可能代表了官亭地区汉墓的特点。

壶

灶

炉

瓶

耳杯

案

釜

M2 出土釉陶器（一）

仓

奁

仓

灯

井

博山炉

井

釜

碗

碟

M2 出土釉陶器（二）

M2 出土耳珰

M2 出土耳珰

胡李家汉墓目前仅对 M1 的人骨做过初步鉴定，M1 中的 3 具骨骼的体质特征为欧洲人种，这是目前青海省唯一的一份欧洲人种材料，也是迄今发现的位置最东的欧洲人种遗骸（汉代和汉代以前）①。但从对该墓墓葬形制、随葬品类型以及埋葬方式来看，这些居民除了种族特征外，文化和风俗都属于典型的汉文化。关于他们的族属，根据《史记》、《汉书》和《后汉书》中的记载，汉代的湟中地区是羌人、小月氏、汉人的杂居区，从时间和地望来看，符合欧洲人种特征

的应是小月氏。但这只是对一座墓葬初步判断，要搞清胡李家墓地人群的种族，还需要对其他墓葬出土的人骨做系统的体质人类学分析鉴定。随着各方面工作的开展，胡李家汉墓所展露的信息，会大大丰富人类学和考古学的研究，也将使人们对青海东部地区汉代的社会生活有更深入的了解。

注释

① 王明辉《青海考古首次发现欧洲人骨遗迹》，《中国文物报》2002 年 5 月 20 日（总 1011 期）。

撰文：蔡林海

刚察吉尔孟古城

吉尔孟古城位于青海湖西北约 17 公里处，刚察县吉尔孟火车站西南约 200 米，地处吉尔孟乡日茫村，西北约 10 公里为祁连山脉的支脉，海拔 3230 米。城址南约 600 米有吉尔孟河自西北向东南流入布哈河后注入青海湖。城址周围为较为平坦的草原，地表植被丰茂，生长有芨芨草，草高约 1 米。吉尔孟古城所在区域地下水较浅，距地表约 3 米。该地自然黄土层分布较薄，距地表平均约 0.8 米以下为砂土。吉尔孟古城属县级重点文物保护单位，位于省级重点文物保护单位北向阳古城东南约 5 公里处。

为配合西宁至格尔木铁路复线工程建设，做好铁路沿线的文物保护工作，2005 年 10 月初，

在省文物管理局的组织下，青海省文物考古研究所组成调查组对吉尔孟古城进行了调查，确认吉尔孟古城在铁路复线的建设控制地带内，铁路建设会对古城保护造成严重的影响，必须进行抢救性发掘。随后青海省文物考古研究所组队，在刚察县文体广电局和文物管理所的大力协作下，冒风霜，斗严寒于对吉尔孟古城进行抢救性考古测量、勘探和发掘工作。本次发掘的领队吴平，参加发掘的人员有肖永明、顾希娟、扎拉才让、雷丽萍。

考古工作开始于 10 月 4 日，由于气候严寒，土壤冻结，发掘工作于 11 月 12 日才结束。考古工作分测量、勘探和发掘三部分。通过测量绘制

古城全景（南—北）

F1 全景（西—东）

了城址平面及地形图，在平面测量的基础上对整个城址进行了区划和布方，将城址分为 4 个区域，并进行探方编号。通过对城址的地形测量，初步了解了城内的水系分布结构和城内外的相对高度。勘探面积约 1.2 万平方米。在测量和勘探的基础上，对城门、城内东北角及城内东部建筑遗址进行了发掘，发掘面积为 360 平方米。揭露出城门东侧长约 5 米的城墙，城内 2 座房址、1 座灰坑，并发现城内东北角一处硬土面遗迹。

调查与测量，对城址的整体布局结构有了一个大致的了解。吉尔孟古城平面近正方形，东城墙长 116 米，南城墙长 111 米，西城墙长 109 米，北城墙长 118 米。城门位于东城墙南端，城门宽 11 米。城墙现存高 2 ~ 3、基宽 10 ~ 14 米。城墙四角均高出城墙 1 ~ 1.5 米，估计初建时四角设有角楼，对城墙东北角进行了发掘，由于后期

破坏严重未发现角楼基址。建筑基址多分布于城内东北角和城内东侧及南侧，城内西侧居中有一较大的建筑。城内高于城外约 1 米，城外四周宽约 50 米的区域为低凹区，是由于建城时取土所致，由于城外围的黄土被取走筑城墙，城外四周仅余砂土，故植被低矮稀少。

通过对城门东侧城墙的发掘，揭露出长约 5 米的城墙，墙基宽 5、残高 1 ~ 1.5 米，城墙内外壁较直，略有收分，城墙为版筑夯土墙，夯层厚 0.07 ~ 0.09 米。

房址 F1 位于城内东侧居中，开口于 3 层下，房址东南角被一晚期灶打破。房址平面呈长方形，东西长 6.6、南北宽 3.7 米。南墙和北墙为分段版筑夯土墙，墙宽 0.95、残高 0.4 ~ 0.5 米，房址东墙为城墙，西侧仅存高约 0.4 米的生土墙。沿南墙及北墙内壁共有 6 个柱洞，柱间距均为 3.3 米，

其中5个柱洞底部有础石。房址东壁内侧有一柱洞，底部有础石。房址北墙居中有宽0.8米的门道。房址底部出土有几块较为完整的泥质灰陶绳纹板瓦、筒瓦和少量的泥质灰陶绳纹陶片，房址底部活动面上有两处灰烬。2号房址南邻1号房址，与1号房址共用一段墙体，平面呈长方形，房址中间有一段南北向的夯土墙，由于揭露面积有限，未能了解2号房址的全貌，该房址内出土了较多的铁蒺藜。

灰坑位于F1北侧偏西，平面不规则，底部为锅底状，口部最大长3.02、深1.02米。灰坑内出土有较多的泥质灰陶绳纹板瓦、陶片、青砖块、残铁器、木炭等。

由于城址墙体废弃倒塌，城内东北角堆积较其他区域深厚，该区域揭露面积80平方米，揭露出一处硬土面遗迹，硬土面距地表1.5～1.8米。该硬土面直接叠压于砂土（生土）上，土质较硬，层理性明显，为长期踩踏所致，该层可能代表吉尔孟古城的初建年代。另该层出土五铢钱23枚，硬土面上有较多的马骨和少量的牛骨及羊骨，骨骼多与灰烬共存，而且骨骼多被敲碎。

遗址内出土的遗物较少，主要有五铢钱、建筑板瓦、筒瓦、泥质灰陶片、铁蒺藜、骨环等遗物，还有马骨、牛骨、羊骨等动物骨骼。另外，在城址地表采集有少量的魏晋时期的泥质灰陶片、绳纹瓦片和明清时期的瓷片。建筑瓦片有筒瓦和板瓦两种，一面施绳纹，一面为布纹；陶片多为泥质灰陶，可辨

器形有罐、瓮、壶、盆，以绳纹为主，另有少量的弦纹及波浪纹。

五铢钱直径2.5～2.6厘米，穿宽0.9厘米，肉厚0.1厘米，廓宽0.1～0.15，厚0.15厘米，重3.5克。"五"字交笔较曲，与上下两横交界处呈垂直状。"金"字头形体较小，呈失镞状。"朱"字头方折，"朱"字中笔与两头的笔画平齐。"金"字旁较"朱"字略低。

五铢钱总体上与西汉元帝时期的五铢钱特征相近。另外从城址最下层出土筒瓦及板瓦的形制与所施绳纹与西海郡故城及尕海古城采集的标本相近。故根据房址、灰坑、地层内出土的五铢钱、建筑板瓦、筒瓦、泥质灰陶片等遗物判断，城址的初建年代初步推断为西汉晚期，沿用至东汉早期。根据城址东北角地层堆积情况判断，该探方第3、4、6、8、9层均有用火遗迹，反映该城址存在多个使用期，使用期的上限为西汉晚期，下限有待根据地层内出土的木炭确定。

城址规模较小，周长约350米，不足汉代1里。

F1内的板瓦

地表采集的陶片

T0505⑨出土五铢铜钱

基于城址内出土的大量马骨和较多的铁蒺藜判断，城址的用途应与军事有关。李智信先生据《汉书·百官公卿表》、《汉书·平帝纪》及《王莽传》推断，该城为西海郡内以迁徙刑徒为基础而建立起来的乡亭一级的汉代地方统治设施。

该城址为汉政权在西部地区较早的统治设施，对吉尔孟古城与北向阳古城、西海郡古城之间时代或隶属关系的研究，对于再现这一时期青海湖地区汉政权的统治秩序有着重要的意义。

撰文：肖永明

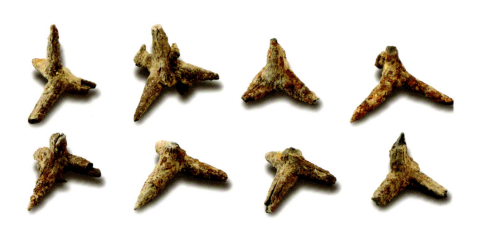

F2 出土铁蒺藜

西宁南滩汉代墓地

南滩汉墓位于西宁市城中区南部，这里自汉代以来就是西宁地区人们埋葬死者的坟地，地下分布有大量汉代至民国延续两千余年的古墓，本次发掘的墓葬仅是南滩墓群的一小部分。

1999年6月，在西宁市南绕城高速路基建工程的施工中，发现了一批汉代砖室墓，青海省文物考古研究所闻讯后，立即组织人员对其进行了抢救性发掘清理，发掘领队刘宝山，参加发掘人员胡晓军、王忠信、乔虹、闫璘、蔡林海、李一全、王倩倩等十余人。前后历时三个月，在长约500、宽50米的设计路面区域内，共清理出汉代墓葬23座、清代墓葬51座，出土各类文物400余件。

23座汉代墓葬中除M62为木椁墓外，其余均为砖室墓。M62椁室顶部破坏严重，系用10根方木东西向并排平铺而成；椁壁则用长短不一的方木叠垒而成；椁底用12块宽窄不一的木板东西向横铺。木棺斜置于椁室西北角，棺内有一27～28岁的男性死者，仰身直肢。随葬品摆放于木棺东南侧，计有陶壶、陶罐、泥灶及泥甑共7件器物。

砖室墓中有1座为三室墓，2座为双室墓，其余均系单室墓。方向以南北向为主，只有M9和M23为东西向。由于工期紧张，仅清理了2座墓的墓道，均为斜坡式。墓顶大部残塌，以用楔形子母砖并砌的弧形券顶为主，部分为穹隆顶；墓室四壁多采用横平错缝与丁立、面立砌法；底部则多用人字形和平铺错缝的方式砌成。由于早期的盗扰和后期建设中的破坏，除M62和M37还保存有木棺葬具外，其余均未发现葬具痕迹；人骨也大多凌乱不堪，残缺不全，葬式难辨。经专业人员鉴定，23座墓葬中约有48个死者个体，21个为男性，23个系女性，还有小孩尸骨4具；48个死者中年纪最大的约60岁，最小仅有5～6岁，以15～30岁的年轻人居多。以单人葬墓居多，多人合葬墓次之，双人合葬墓较少。

23座汉代墓葬中，共出土随葬品400余件，多系明器。由于盗扰和破坏严重，随葬品大多已失其原位。从质地上可分为陶、砖、泥、铜、铁、玉、玻璃及漆木器等，以陶器居多；陶器均为泥质灰陶，器形有瓮、盆、罐、壶、碟、尊、灶、釜、甑、井、仓等；砖制品有灶、甑、灯；未经烧制的泥质器物有釜、甑等；铜器有釜、锺、带钩、

发掘现场

M33 墓室全景

M26 墓室全景

M26 出土漆盘

M26 出土漆卮

指环、匙、铺首及车马器等，铜钱有五铢、大泉五十、小泉直一及无字钱；铁器大多锈蚀严重，可辨器形的有镜、剑、铃、斧、雷和铧；玉器有猴、蝉、鼻塞、佩等；玻璃器仅有耳珰；漆器发现较多，

但大多仅剩漆皮，无法提取，多为夹纻胎，器身髹红漆，饰以黑彩，器形有耳杯、碗、盘、卮等。

根据墓葬形制及出土随葬品来判断，这批墓葬相当于《上孙家寨汉晋墓》[①]第三至五期，即

M62 出土灰陶壶

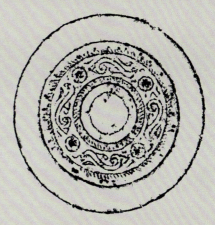

M19 出土四乳四螭纹铜镜拓片

M26 出土灰陶灶

M42 出土龙虎纹铜镜拓片

M3 出土灰陶井

M69 出土玉塞

其年代从王莽时期一直延续到东汉晚期。由于盗扰和城市建设中的大量破坏，墓葬整体保存状况较差。南滩作为西宁市区最大的汉墓集中地，以往虽有零星汉墓发现，但如此大规模的发掘，尚属首次。通过这次发掘，丰富了我们对当时社会面貌、埋葬习俗等方面研究的资料。

注释
① 青海省文物考古研究所《上孙家寨汉晋墓》，文物出版社，1993年。

M42、M4 出土玉蝉

撰文：王忠信

平安北村汉代墓地

北村汉墓位于平安县古城回族乡北村西北约300米处的缓坡上，东距总门村约250米，南面有新（安）沙（卡）公路由西向东穿过。

1996年10月2日，在古城乡北村由联合国粮食署援助的改良土地的工程中，推土机推出一座古墓，即上报青海省文物管理局文物处。4日青海省文物考古研究所组织专业人员赴现场进行抢救性发掘，至11月5日结束，历时一个月，共清理墓葬5座。发掘领队卢耀光、汤惠生，参加发掘的人员有王忠信、胡晓军、刘小强、卜玉凤、顾希娟、许显成（平安县文物管理所）及姚亚生（古城乡文化站站长）等。1998年9月又在此处清理墓葬2座，此次发掘领队任晓燕，工作人员有王倩倩、李一全及平安县文物管理所的许显成。前后两次共发掘清理汉代砖室墓7座，出土各类珍贵文物近200件。

7座墓葬均略呈东西向，东面带有斜坡状墓道。其中4座为单室墓，3座系双室墓。单室墓均系纵连券顶。双室墓中有2座前室为穹隆顶、后室为券顶，1座前后室均为券顶；墓葬用砖为灰色长条砖，长36、宽18、厚7厘米，券顶采用楔形砖。

7座墓中共有18具人骨，除2具人骨未发现葬具外，其余均有木棺装殓；木棺大多保存完好，系用柏木制成，普遍采用束腰榫卯结构，结实耐用；其中M7所用葬具较为特殊，棺身较小，系用圆木凿制而成，棺盖用整块木板制成，对角处各有一榫卯加以固定；另外，M1前室有一小木棺，似为小孩葬具，但其内空空，未见尸骨；M5后室女性死者木棺外侧贴有许多红色绢条，似有用麻布包裹过的痕迹，其中一块壁板内侧用白底墨线勾勒出一幅反映当时庄院建筑的绘画，局部

墓地远景

青海省文化厅领导视察发掘现场

填以红彩，门前双阙，院内阁楼，系典型的汉代建筑风格。葬式大多为仰身直肢葬，在 M2 后室中并列有两具木棺，其中北侧木棺外与墓壁的夹缝中另置有一具女性尸骨，无棺，葬式特殊，为俯身屈肢葬。M6 木棺内的女性骨架呈仰身屈肢，棺外一男性骨架被整齐地堆放在一方形砖台上，无葬具，应系二次葬。部分保存较好的人骨下发现铺有用麦秆制成的草席，席下撒有一层草木灰，人骨殓衣保存完好，或着长袍，或着短衣，或黄或红，或单或棉，头戴平上帻、介帻或巾帼。如 M5 后室所葬男女二人，男性身着黄绢制成的深衣，曲裾交掩，头部裹实，上覆纱巾，头下有枕，脚穿革履，手握五铢铜钱；女性亦着深衣，头梳圆髻，上插双钗，两耳垂珰，履置脚下。另外部分死者身上发现撒有粟类粮食作物。18 位死者中，除 M7 人骨约 20～25 岁外，其余年龄约 45～60 岁，其中男性 10 人、女性 8 人。7 座墓葬中，单人葬墓 1 座、男女合葬墓 2 座、多人合葬墓 4 座。

　　这批墓葬中出土的近 200 件随葬品多系明器，双室墓中器物多置于前室，木案等祭奠器皿主要置于棺前或棺盖上，棺内多为死者生前的随身之物，如梳、篦、簪、钗、镜、指环等。另外木案上、碗及耳杯内多置有动物骨骼及粮食作物。随葬品以木器为主，器形有马车、牛车、马、镇墓兽、案、食奁、耳杯、碗、梳、篦、簪、钗、摘及摇钱树等；其中镇墓兽分为独角和无角两种，均系用整块木头削雕而成，如 M1：26，身敷白彩，上用黑红两色绘以纹饰，额顶有一独角，突睛张口，两耳耸立；食奁分内外两层相套而成，奁身系用薄板围接，与底部木板用柠条穿系相连；两个摇钱树器座均呈山峦形，上绘以芸草、树木及神兽等纹饰，一

M1 墓室全景

M1 前室男性殓者局部   M5 后室棺内殓者

M5 后室女性木棺棺板绘画

M2 出土铜镜

M1 出土"神"树

M1 出土"鱼"树

M1 出土镇墓兽（独角）

M2 出土木马

M1 出土镇墓兽（无角）

M5 出土竹钗

M1 出土木奁

M5 出土木耳杯

M5 出土梳妆木奁

M1、M5 出土木梳、木篦

M1 前室殓衣碎片

M5 前室男性殓者头部束发木冠

M2 中女性头侧木碗内的粟类作物

M5 前室棺盖上所置的革屦

个器座上置一立杆，杆身上用竹签连缀以多个彩绘鱼形树叶，杆顶置一木雕鱼，为和普通摇钱树以示区别，我们姑称其为"鱼"树；另一个器座上亦立一木杆，杆身上交错镶嵌彩绘曲形木条，我们权称其为"神"树。陶器均为泥质灰陶，仅有罐和盆两种。铜器有釜、镜、指环和五铢及货泉等钱币。其他文物还有玻璃耳珰、砖灯、砖灶、竹钗、角钗等。最引人注目的是 M2 女性死者棺内发现的一件彩绘梳妆漆奁，夹纻胎，外形十分精美，内置八乳四神铭文规矩镜一方，乱发一把。

根据墓葬形制及出土随葬品来判断，这 7 座墓相当于《上孙家寨汉晋墓》第四期，属于东汉早中期。北村汉墓是迄今青海省保存最为完好的一批汉墓，出土木器之多，死者服饰、头饰及发式保存之好在全国亦属罕见，特别是木制摇钱树的形制为国内首见。这批墓葬的发掘清理，为认识和研究本地区当时人们的生活习俗、葬俗礼仪、手工业工艺水平等提供了难得的实物资料，亦填补了青海东部地区汉代居民服饰和发式的空白。

撰文：王忠信 许显成

西宁海湖大道汉墓

海湖大道汉墓位于西宁市海湖大道东侧的人行道下。2011年10月12日，青海省电气技术开发公司施工人员在海湖大道挖电缆沟时，发现2座汉代墓葬，17日，青海省文物考古研究所对这两座墓葬进行了抢救性考古发掘。发掘领队李国林，工作人员胡晓军、闫璘、刘铸、秦岩等。

两座墓葬均坐北朝南，形制基本相同。均有斜坡式墓道，墓门直接开在墓室前壁中部，门券为三重，封门砖砌法为下部三层丁立垒砌、上部人字形垒砌。墓室顶部采用子母砖砌成弧形券顶，四壁为单砖错缝平铺，墓室底部有铺地砖，后端设棺床，宽同墓室。其中M1棺床铺地砖均为人字形错缝平铺，棺床高出墓室0.17米，M2棺床

铺地砖为错缝平铺，墓室地砖为人字形错缝平铺，棺床高出墓室0.07米。两座墓葬均为夫妻合葬墓，M1保存较好，墓室内有保存较为完整的木棺2具，其中西侧（右侧）木棺长230、宽66、高80厘米，人骨初步鉴定为男性，年龄30～40岁，棺内出土有2件耳珰和1件木梳；东侧（左侧）木棺长205、宽60、高60厘米，人骨初步鉴定为女性。

M1中出土了大量精美的随葬品，根据其材质可分为漆木器、陶器、釉陶器和铜器四大类。漆木器有木牛、木马、木质镇墓兽、木车、漆盘、漆耳杯、木梳等10件；陶器有绳纹灰陶罐、葫芦形灰陶罐各1件；釉陶器有井（内置桶1件）、仓、厕、奁、勺、壶、盘、灯8类13件；铜器有衔镳和铜镜各1件，此外还有琉璃耳珰5件、琉璃饰品1件。其中釉陶器种类丰富，器物数量达13件之多。此次发现的釉陶器，颜色鲜明，胎体纯净，显示出制胎黏土经过精细的筛选和淘洗，堆釉处有明显的气泡和气泡破裂形成的小凹坑，大部分釉面无开片，显示出当时的工匠已经掌握了较为成熟的施釉技术。一般认为西汉釉陶多为

M1 随葬品出土现场

壶

壶

盘

壶

灶

M1 出土釉陶器

勺　　　　　　　　勺　　　　　　　　陶灯

仓

井

奁

陶厕

M1 出土釉陶器

M1 出土灰陶罐

M1 出土灰陶壶

M1 出土铜镜

M1 出土琉璃耳珰

以铁为呈色剂的黄褐色釉，西汉末到新莽时期出现褐黄及绿色的复色釉陶，到了东汉铅釉色调则以绿色为主流。此次发现的釉陶器釉色均为黄绿色，与东汉中晚期大量出现的绿釉陶有较为明显的区别，同时，根据墓葬形制等初步判断，此次发掘的两座墓葬时代属东汉早中期，故此次发现的釉陶器是青海省迄今发现的时代最早的一批釉陶器，为我们研究青海地区釉陶的发展等提供了十分珍贵的资料。

釉陶器中尤为珍贵的是出土了目前青海省最早的一件单体陶厕，也是全国为数不多的单体釉陶厕。釉陶厕平面略呈正方形，正面开一门道，内设便坑及足道，形制与现代农村所用旱厕相似。目前全国发现的陶厕和釉陶厕模型多与陶屋或者猪圈连为一体，多出现于东汉中晚期的中原地区。至于单体的溷厕，全国仅在山东沂南汉画像石墓后室建有一处仿真的单独的溷厕，江苏徐州驮蓝山楚王后墓中发现有保存完整的石溷厕，单体的陶制模型器几乎未发现过。此次发现的釉陶厕对研究汉代的社会生活等提供了翔实的实物资料。

这两座墓葬中均未发现有明确纪年的遗物，但从其墓葬形制与随葬品综合分析，推断这两座墓葬的时代上限为王莽时期，下限为东汉中期。

中国古代十分重视送死，厚葬之风尤以汉代为甚，"至于富者奢僭，贫者单财，法令不能禁，礼仪不能止"，出现了"墓葬形制的宅第化、随葬用品的生活化"，不仅在墓葬形制上力求仿照生前所居，而且随葬品力求丰富、完备，完全用现实生活来为死者构筑地下世界，"厚资多藏，器用如生人"。这在海湖大道汉墓上有充分的体现。此次发掘器物大多属明器，从这些建筑模型中，我们不仅可以部分地还原中国古代建筑的技术、艺术元素，还可以了解中国古代建筑所包含的建筑文化和社会制度，丰富中国古代建筑的研究视野。

撰文：闫璘

西宁陶家寨汉晋墓地

陶家寨汉墓群位于西宁市北郊二十里铺陶家寨村西。西倚拉脊山余脉大野山，东距北川河约3公里，海拔2330米。墓地地势西高东低，相对高差约15米。近代修整为农田阶地，墓群及周边原属西宁市奶牛场饲料耕地，以种植玉米为主。因长年的农田浇灌，致使少数墓葬塌陷，在20世纪80～90年代青海省文物考古研究所及西宁市文物管理局曾先后对该墓群少数墓葬予以零星抢救发掘。

2002～2006年，为配合青海生物科技园开发区的工程建设对陶家寨汉墓群实施了抢救发掘，先后共发掘汉代墓葬84座。本发掘项目领队2002年由任晓燕与王国道共同担任，之后由任晓燕任领队，先后参加发掘工作的成员有青海省文物考古研究所的李国林、高志伟、陈海清、蔡林海、肖永明、乔虹、王倩倩、周凌、张元、

陈洪涛、吴平、孙小妹、刘林，西宁市文物管理所王小兰。

这批墓葬均带有斜坡墓道，墓道平面形状作长方形和梯形两种，个别斜坡墓道有台阶。墓葬形制根据墓葬建材的不同可分为三类：土洞墓21座、木椁墓1座、砖室墓62座。

土洞墓规模较小，墓门顶呈拱形式平底，墓门处除有4座墓葬（M32、M33、M36、M38）封门结构不清外，其他墓葬均有封门，用材采用立木、青砖、土块封门三种，有单层和双层封门。墓室平面呈圆角长方形，洞室多坍塌，从残存局部推测墓顶应为拱形和平顶两种。墓葬形式以单人葬或双人葬居多，个别墓为3人或4人葬，葬式常见仰身直肢、二次葬，罕见侧身屈肢葬。随葬品普遍较少，通常只有几件陶器和随身佩戴的饰品。土洞墓规模小，结构简单，随葬品较少，

墓地远景

发掘现场

明显反映出墓主人家境贫穷、身份低下。

木椁墓仅 1 座（M76）。墓室北部有梯形斜坡墓道。墓道长 13.25、宽 0.72～0.87 米。墓道底部距墓口深 0.8～3.62 米。墓道底部结构较特殊，呈斜坡阶梯状，共有 10 级台阶，在墓道北段第 3 级台阶南侧有一圆形袋状土坑，开口于墓道底部，平面呈圆形，开口直径 0.54、底径 0.8、最大腹径 1.0、深 1.49 米。坑内填土为深黄色淤土。坑底部有一浅坑，平面酷似壶状，侈口、束颈、广肩，下腹较直，底部一侧有一缺口，"壶"通高 0.7、口径 0.31、底径 0.2 米。"壶"口沿及底部恰好与坑底边相内接。该圆形袋状坑位于墓道北段（墓道出口处），土坑开口酷似水井或水窖造型，底部又有一壶的造型，所以该遗迹单位可能象征着水井或水窖等汲水设施。

墓室为洞室，平面呈长方形，南北长 3.99、南端宽 1.59、北端宽 1.6 米。顶部已塌，据残状推断为拱形，墓壁残高 1.82 米。墓室底部低于墓道底部 0.2 米。洞室内椁室紧贴墓壁修建，因椁腐朽，结构不清。仅知椁底东西向横铺木板，在椁底上垒砌侧板与挡板。椁顶用 8 块半圆木东西向横搭于侧板上，另有一块长 2.62、宽 0.34 米的木板南北向搭于半圆木及北侧挡板之上，于此木板上再放有较短的木板 14 块，在顶部东北部没有棚设木板。

椁内南北向并列置有两具梯形木棺，木棺已朽，结构不明。1 号棺内人骨为女性，编号为 I 号；2 号棺内人骨为男性，编号为 II 号。各自拥有一套随葬品，分置于棺外北侧椁内。I 号人骨仰身直肢，两手位于髋骨两侧，左右手中各握有 1 枚

M76 棚木

M76 人骨

铜钱。棺内头顶北侧置一漆盒，盒内放置有一枚铜镜，右耳侧有一枚玻璃耳珰。棺外北侧随葬有两件灰陶罐及一件红陶鬲，陶鬲旁有小动物肢骨。II号人骨仰身直肢，头北足南。棺外北侧有2件陶罐、1件陶瓮和1件泥灶及1具小型动物骨骸（可能为狗骨）。

砖室墓共计62座。砖室墓的修建程序是：先挖出斜坡墓道和主室竖穴土圹及侧室洞室，再用砖修砌墓门、甬道、过道、主室及侧室，后填土，夯筑封土冢。个别规格较高的墓葬如M9、M88在砖室顶部搭有横木。砖室的主室有单主室、双主室、三主室三种不同结构，其中以双主室墓居多，单室墓较少；个别墓在主室一侧还修有侧室。砖室墓大多遭盗扰，故葬式已失原貌，少数能辨出葬式的为仰身直肢葬或二次葬。随葬品数

量颇多，器类丰富。

如M60是本批砖室墓葬中规格较高的墓葬，形制为前后室穹隆顶砖室墓，并于前室南侧建侧室。由墓道、前室、后主室及侧室组成。

墓道位于墓室东侧，平面呈梯形，底部呈斜坡。墓门开于墓室东侧，门券顶部有门墙，现高0.3米，门墙的砌法横平错缝相砌。门内砌有封门砖。墓门与前室间的甬道长1.05、宽0.9、高1.26米，前室与后室间的过道长0.96、宽0.9、高1.08米，前室与侧室间的过道长1、宽0.9、高1.1米。甬道与过道两壁的砌法为横平错缝与面立、丁立相砌，或横平错缝与丁立相砌。甬道底部高于前室0.1米，过道底部高于前室底部0.18米。

前后室及侧室顶部结构作穹隆顶，穹隆顶部的砖缝之间加塞有小石子，用以加固墓顶。砖室

M29 墓门全景

M60 前后室顶部结构

使用的条砖长 38、宽 18、厚 6 厘米。前室平面近方形，四边呈外弧状，东西宽 3.5、南北长 3.66、高 4 米。墓室四角距墓底 1.3 米处有插砖伸出，为灯台；后室平面呈长方形，四边呈外弧状。东西长 3.4、南北宽 2.2、高 2.8 米。墓室西北角距墓底 1.4 米处有一灯台；侧室位于前室南侧。砖室平面呈长方形，四边亦作外弧状。南北长 3.5、东西宽 2.06、高 2.8 米。西北角距墓底 1.25 米有插砖伸出，为灯台，上置有陶灯一件。各室四壁砖墙采用横平错缝与丁立相砌，铺地砖采用人字形或横平错缝相砌。

该墓系合葬墓，共葬有 11 人，依据室内颅骨数量分别编为 I ～ XI 号：I 号，女性，年龄 20 ～ 25 岁；II 号，男性，年龄 25 ～ 30 岁；III 号，性别未判定，年龄约 6 岁；IV 号，女性，年龄约

25 岁；V 号，男性，40 ～ 45 岁；VI 号，男性（？），年龄约 60 岁；VII 号，男性，年龄约 40 岁；VIII 号，女性，年龄 60 ～ 70 岁；IX 号，男性，年龄 30 ～ 40 岁；X 号，女性，年龄 40 岁；XI 号，男性，年龄 35 ～ 40 岁。各室中均置有凌乱人骨骼，原葬式不清。颅骨和大量骨架主要集中在前室墓底，骨架散乱无序，但墓室东北角处集中了多具头骨；后室仅在墓室南墙东侧靠近过道处有少量人骨；侧室在墓室北侧靠近过道处有少量人骨，有一堆骨架，颅骨 1 具。葬具只在前室发现有 1 具木棺朽痕，棺长 206、宽 54、残高 22、棺板厚约 6 厘米，其他结构不详。棺内未见人骨，有两个漆盒痕迹及铜弩机。随葬器物共计 84 件，分布在各室及墓道填土中，主要集中于前室淤土层中，大多器物被扰动，现为无序摆放。器物类

M21 出土灰陶罐

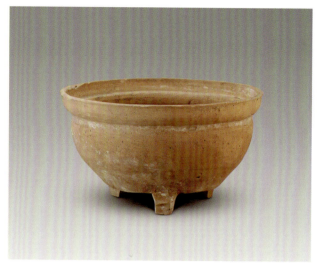

M34 出土灰陶尊

M46 出土灰陶簋

M7 出土灰陶灶

M11 出土灰陶仓

M89 出土灰陶奁

M21 出土釉陶壶

M90 出土釉陶奁

M90 出土釉陶仓

M90 出土釉陶熏炉盖

型有陶甑、碗、井、灶、灯、壶、罐、盆、尊、漏斗，砖臼，铜刀、弩机构件、簪、钗、印，骨钉，残铁器，金叶片、金环、漆盒及五铢钱币等。在前室8号头骨旁清理出铜印一枚——"军司马印"，为此墓主人的身份提供了佐证，墓主人应为这一地区的军事要员。

陶家寨汉墓的随葬品按质地可分为陶器、铜器、铁器、金银铅、玻璃、玉石等文化遗物，此外个别墓葬还随葬有马、狗、鸡等动物。出土器物中以陶器数量最多，这批墓葬中仅13座墓葬未发现陶器。大多数器物为轮制，有些陶器如壶的铺首、灶面、仓盖等为模制，个别小件器物如釜、甑等用手捏制而成。常见纹饰主要有绳纹、条纹、弦纹、刻划纹、篦纹及模印花纹等。有件陶尊口沿及器腹刻有"郭阿定许"四个字，器底刻有"前"字。

陶器中有泥质、夹砂、未烧制的泥器及用砖加工的砖器等，以泥质陶为大宗，其中以灰陶居

多，也有少量的红陶和釉陶器。大多数灰陶器烧制火候较高，器形规整；个别灰陶烧制的火候较低，胎质较疏松。器形主要有鼓腹罐、广肩罐、双耳罐、壶、盆、瓮、钵、碗、灶、釜、甑、仓、井、灯、尊等。红陶胎质不如灰陶，陶色不均匀，器形为罐、釜、甑、灯等。釉陶器多为泥质红胎，陶胎较细。釉色以绿色居多，个别为黄绿色，器形为壶、仓、灶、尊、碗、案等。砖质器系用灰

M9 出土铜马

M9 出土铜案

M60 出土铜印

M7 出土铜弩机

M7 出土铜鐎斗

M50 出土铜耳环

M87 出土小铜人

M9 出土铜牌饰

M24 出土铜镜

M87 出土金花饰

M87 出土金叶饰

M81 出土小串饰

M47 出土玻璃耳珰

色条砖加工而成，器形主要是灶、甑、井、臼形器等。泥器以红褐色为主，多为手制，器形主要是灯、灶、釜、甑、仓、杯等。

铜器172件，以小件器物为主，器类有生活用品、装饰品、兵器、车马器等，包括耳杯、铜壶盖、铜鐎斗、铜耳勺、铜簪、铜泡、铜铃、铜带钩、铜俑、铜人、印章、铜刀、铜剑、弩机、销钉形铜器等；共发现9件铜镜，出自5座墓中，仅四神镜和"位至三公"铭文镜清晰者各1件，余者7件因腐蚀严重，花纹多不清晰。

铁器共27件，主要有俑、犁、锸、铲、铣、匕、棺钉等。此外还发现金银铅器、骨（角）器、玻璃器、玉石器等184件，均以装饰品小件为主，有金环、金叶饰、金花、手镯、铅簪、骨簪、骨箸、指环、骨管、骨饰、骨梳、角梳、耳珰和串珠等。

此外，经对陶家寨墓地古代居民的378例骨骼标本，运用人口学、测量学、人种学、病理学和营养学等多种科学方法及手段进行了综合性研究，获取了许多信息及体质人类学研究成果，可得出以下结论：该墓地古代居民的死亡年龄集中在中年期和壮年期，整个年龄段的平均死亡年龄为33.39岁，较甘青地区其他古代居民的死亡高峰大大延后。而其居民的性别比例为1.05:1，为生物学中的理想比例。通过对陶家寨墓地古代居民的身高研究可知，男性平均身高为169.02厘米，变异范围为157.46～180.76厘米，而女性平均身高为155.76厘米，变异范围为144.72～168.83厘米，较早期青铜时代居民身高略有上升。通过病理方面研究可知，陶家寨居民创伤类疾病发病率较高，且有些病理性疾病的发病原因也是直接或间接由外伤所致；牙齿方面则显示出龋齿患病率较高的特点。通过种族纯度检验可知陶家寨居民属于同一种系的群体。其人种属于蒙古人种，且与现代蒙古人种中的东亚类型十分近似，而某些体质特征上的土著因素应与该地区青铜时代卡约文化居民最为相近，这或许是汉、羌融合的一种表现。此外，结合考古学、历史学、语言学等方面的研究资料可知，陶家寨汉晋时期墓地人群在汉、羌融合方面，表现出了人种融合缓于文化融合的现象。

经古代DNA研究，陶家寨古代人群可能是氐羌人群的后裔。另外，Y-STR结果还表明陶家寨墓地中埋葬的男性个体间存在较近的父系亲缘关系，这一墓地可能是以父系血缘为纽带联系在一起的家族墓地。

陶家寨汉晋墓地发掘规模较大，位于西宁城北，湟水谷地中上游地区，在历史上是中原地区与边远地区的过渡地带，因此，陶家寨墓地古代居民骨骼标本的研究成果，对深化研究该地区古代居民种族、族属问题具有十分重要的意义。

从这批墓葬的墓葬结构、出土器物、陶器风格及铜镜与钱币特点推断，这批墓葬应为东汉时期，大多数为东汉晚期至魏晋时期。汉宣帝时，青海东部地区正式纳入汉朝郡县体系。建安年间，东汉政府从金城郡析置西平郡，即从临羌县分置西都县（今青海省西宁市）以为郡治，辖有西都、临羌、安夷、破羌四县。曹魏时期，西平郡仍沿东汉末建安中析置时的建制。曹魏初修建了西平郡城。东汉末年至曹魏、西晋时期，郭姓、麹姓逐步成为西平郡的豪族势力。陶家寨墓群中有件陶尊口沿及器腹刻有"郭阿定许"四个字，器底刻有"前"字，随葬此件陶器的墓葬形制规格颇高，此信息也许反映出了此墓地可能是郭氏家族墓地。总之，这批墓地处汉魏时期该地区统治中心西平郡近郊，高坟大冢分布多而密集，墓葬规格普遍较高，当为西平郡军界及政界要人之茔地。全面解析陶家寨墓地的文化内涵对于研究这一时期的青海历史有着重要的意义，为汉代考古研究增添了极为重要的实物资料。

撰文：任晓燕　乔虹

平安古城崖魏晋墓

古城崖汉墓位于平安县小峡镇古城崖村南，县城西约3公里处的三合沟西岸二级阶地，东临三合沟，北约1公里为湟水河。1982年4月，村民在院内建房时发现一座古墓，青海省文物考古

研究所进行了抢救性考古发掘。1982、1986年进行的青海省文物普查中均对该墓群进行了调查。据初步考古调查资料显示，该墓群墓葬分布集中，延续时间长，对研究魏晋时期青海的社会生活、行政建制、经济、文化等具有十分重要的意义。2008年4月10日，由青海省人民政府公布为省级重点文物保护单位。

2005年6～7月，为配合小峡镇砖瓦厂输电线路改造，青海省文物考古研究所与平安县文物管理所联合组成考古发掘队，对已经暴露的一座东汉晚期至魏晋初期规格较高的仿木结构砖室墓葬进行了抢救性考古发掘。发掘领队胡晓军，参加发掘的人员有青海省文物考古研究所卢宗义、柳春诚，平安县文物管理所许显成等。

该墓由斜坡墓道、墓门、甬道、前后室及耳室组成。墓门六重券，内券内收0.18米，墓门之上有额墙，额墙砌法为横平错缝，间有垂拱、屋檐等仿木结构，象征木结构居舍。额墙顶部砖台上放置有一绿釉陶耳杯。前、后室均为穹隆顶，前室墓壁砌法为错缝丁立，镶嵌有模印仿木结构的斗拱和乳钉纹、网格纹砖。前室长3.6、宽3.72、高4.5米，中部砌有象征天井的

发掘现场

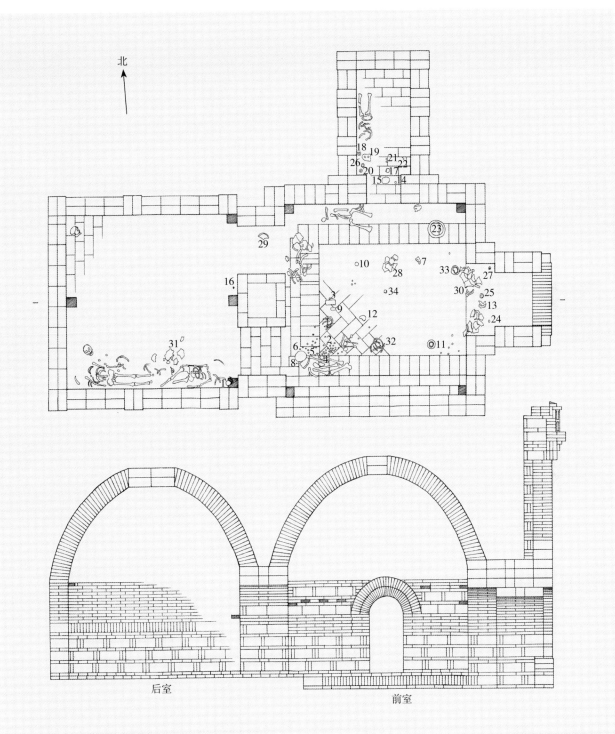

北

23

后室　　　　　　　　　　　前室

0　　40　　80厘米

1. 铜镜　2. 铜钱　3. 石砚板　4. 铜镜　5. 铜镜　6. 铜指环　7. 釉陶灶　8. 铜耳环　9. 陶砚
10. 陶纺轮　11. 灰陶罐　12. 铜镜　13. 金箔　14. 绿松石　15. 铜簪　16. 铜印　17. 铜镜
18. 釉陶井　19. 釉陶灶　20. 釉陶灯　21. 铜泡　22. 铜饰物　23. 灰陶盆　24. 黄水晶
25. 釉陶碗　26. 釉陶葫芦瓶　27. 釉陶灯　28. 釉陶壶　29. 三足釉陶盘　30. 灰陶罐
31. 灰陶壶　32. 铜圈漆器　33. 灰陶罐　34. 釉陶碟

平安古城崖汉墓平、剖面图

前室模印花纹砖

前室花纹砖

前室花纹砖

长方形池，长 2.92、宽 2.16、深约 0.16 米。前室北侧设有侧室，为双重券顶。侧室宽约 1.8、进深 2.56、高 1.5 米，侧室内置人骨架一具，随葬釉陶灶、陶罐、铜钱等。前后室之间设双重过道，过道之间砌有砖雕菱格纹砖雕，过道规格相同，均长 0.9、宽 0.84、高约 1.8 米。后室亦为穹窿顶，长、宽、高与前室同，下部三层砌法为一平一立错缝，上部为错缝平铺至起券部位。墓室铺地砖前后室均为人字形，侧室为错缝平铺。

墓内随葬人骨架 6 具，其中后室与侧室各 1 具，前室天井东北侧和东南侧各 2 具。由于未进行鉴定，人骨的性别、年龄均不详。

随葬品十分丰富，陶器有陶盆、釉陶耳杯、釉陶灯、釉陶灶、陶灯各 1 件，陶罐 5 件；金银器有金箔 1 件、银指环 1 件；铜器有铜指环 2 件，铜钱 64 枚，铜簪 1 件，铜镜 6 件，铜印、铜饰件各 1 件；石器有石砚板 2 件、饰品等 30 余件（套）。根据墓葬形制及出土的"位至三公"铜镜及剪轮五铢等遗物分析，初步判定该墓时代为东汉晚期至魏晋初期。

该墓建筑形制独特，对研究汉魏时期河湟地区的民宅结构等具有重要的意义。墓门顶

灰陶罐

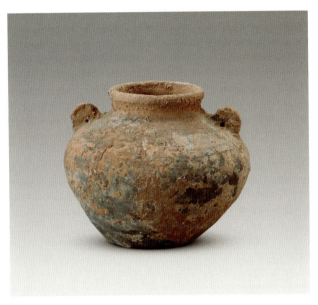

灰陶双耳罐

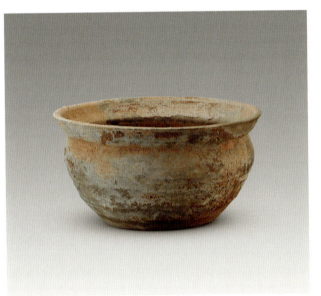

灰陶盆

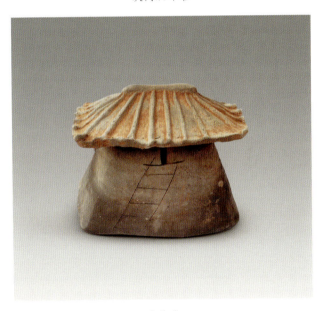

灰陶仓

部额墙仿照阳宅木结构，饰以斗拱；前室中部砌有长方形天井，低于墓室，不是室内行走的通道，似仿照古代阳宅居民庭院，应为"渗池"，是四合院中聚集雨水，然后排于渗井中的排水设施。这种反映富豪之家深宅大院中的特殊设施，在青海汉晋墓葬中尚属首次发现。前后室之间设立双重甬道，亦属罕见。此外，该墓前室南壁镶嵌一排网格菱形纹模印砖，北壁镶嵌有两排月牙纹、乳钉纹模印砖，月牙纹砖排列在上，乳钉纹模印砖在下，远看似群星闪烁、众星捧月，寓意吉祥。砖砌墙面平整美观，显示了古代匠人高超的建筑艺术。

该墓出土的水晶饰珠、绿松石饰品、金箔、银指环、铜指环、铜簪等用品，为我们了解当时人类的审美情趣、生活习俗等提供了重要的资料。尤其是该墓出土的一枚铜印，为兽形纽，错金，

釉陶甑

釉陶灯

釉陶井

釉陶碗

釉陶灶

釉陶长颈瓶

水晶扁饰珠

绿松石饰

银耳环

字体为阴刻阳文小篆体私印，虽然由于锈蚀、残损严重，印文不详，但是为我们了解当时的私印形制、用文习惯等提供了十分难得的资料。

撰文：闫璘　许显成

乐都马家台魏晋墓

马家台墓地位于乐都县七里镇马家台村南的农田里。墓地东北约 3.5 公里为乐都县城，北 1.5 公里为湟水河。1985 年第二次全国文物普查时发现，1986 年公布为县级重点文物保护单位。墓地地表现存封土堆两座。

2010 年 6 月青海省文物考古研究所为配合兰（州）新（疆）高速铁路建设，对标段为 CK135+700 ～ CK136+200 进行考古勘探和抢救

性考古发掘。发掘领队胡晓军，工作人员陈海清。共发掘魏晋墓葬 2 座，灰坑 1 座。2 座魏晋墓葬中，M1 规格较高，属青海地区大型魏晋墓之一。

M1 为砖室墓，墓葬由高大的封土堆、棚木、斜坡墓道、单前室、双后室组成。

封土堆为覆斗形，现残高 6.4、南北长 29.5、东西宽 18.5 米。墓道长 12.5、宽 1.72 ～ 2.6 米；砖室墓长 10.2、宽 6.1、深 5.9 米，墓葬总长 22.7 米。

M1 发掘现场

M1 封土堆剖面

墓门三重门券，青砖封墓门，采用人字形封门，封门砖整体完整，未见二次扰动。墓门顶部门墙采用砖雕、磨砖仿地面建筑修砌成斗拱等形制。

前室平面为正方形，穹隆顶，前室西北处有二层台，台宽 0.7 ~ 0.76 米，二层台高出墓室铺地砖 0.3 米。墓室内置 5 具棺木，棺木内的人骨不全。棺木为东西向，排列较整齐。前室南侧并列有双后室，平面呈长方形，穹隆顶。后室内有一具男性骨骼，骨骼不全。

该墓发现有 11 处盗洞，证实曾多次被盗，但仍出土随葬品 90 余件，其中以陶器数量居多，共 36 件，有罐、壶、盆、灶、仓、钵、井、甑等。铜器 8 件，有铜刀、铜镜、铜马、铜印章、摇钱树、铜环、铜俑、护心镜等。铜印章形制为正方形桥形纽，印文为篆文"诏假司马"。铜立俑头部有发髻，面为三角形，双手前出于胸部，中空。

M1 墓室顶部全景

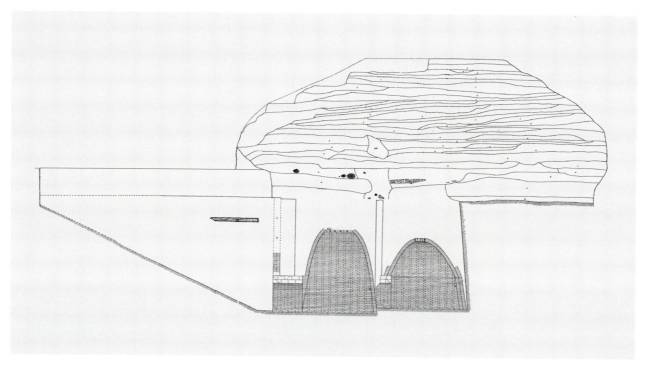

M1 剖面图

绘图现场

M1 出土灰陶壶

M1 出土灰陶仓

M1 出土灰陶尊

M1 出土灰陶灶

装饰品有金饰品 2 件, 长 2.35、壁厚 0.1 厘米, 呈不规则 "8" 形。另有少量的玛瑙珠、琥珀珠、双穿孔佩饰。

　　灰坑位于 M1 东北角处, 呈不规则的圆形, 坑底凹凸不平。坑内出土了较多的动物骨骼, 可辨有牛骨、羊骨、猪骨等, 还有少量的炭灰土、红烧土、灰陶片及青砖块。此灰坑可能是建墓人的生活废弃坑。

　　马家台 1 号墓葬为单前室、并列双后室, 这种结构的砖室墓在青海河湟地区并不多见; 除此之外, 其他建筑方式与青海大通上孙家寨汉末至魏晋墓葬相同, 随葬品中陶器壶、灶、罐等也具有这一时期的典型风格, 故推断马家台 1 号墓葬的年代可能应在东汉晚期至魏晋初期。这也是同时期等级较高的一座墓葬, 墓中所出 "诏假司马" 官印, 表明了墓主人是这一地区的军事要员。马

M1 出土铜俑

M1 出土铜镜

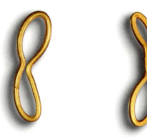

M1 出土金饰

M1 出土铜印

家台魏晋墓的发掘为研究青海地区魏晋初年青海东部地区的社会历史状况、丧葬习俗等提供了重要的翔实资料。

撰文：胡晓军　陈海清

西宁山陕台墓地

山陕台墓地位于西宁市城东区南小街与花园南街两条平行的南北向街道之间，果洛路北侧。山陕台因明清时期的晋陕商人组成的山陕会馆在此购买土地埋葬亡人而得名。从 20 世纪 50 年代起青海省文物考古部门就在该地发现了一些汉代墓葬，进行过零星的考古发掘。2004 年 10 月 1 日，此处在基建过程中发现古墓葬，青海省文物考古研究所当即派人到现场进行了勘探与发掘，发掘领队陈海清，参加人员胡晓军、王倩倩、袁桂青、陈红涛。

墓地共发掘墓葬 23 座，其中汉墓 6 座，十六国时期墓葬 2 座。另发掘清代墓葬 15 座，本文从略。

汉代墓葬共 6 座，墓葬形制有土坑墓、木椁墓和砖室墓三种。

土坑墓 1 座（M22），平面呈"刀"形，由

山陕台墓地工作照

墓道与墓室组成。墓道位于墓室南侧，残长1.4、宽1米。墓室为不规则长方形，长2.8～2.98、宽1.54米。棺木1具，已朽，仅余底板痕。人骨1具。随葬品有铁器、漆器、铜钱，未见陶器。

木椁墓3座（M16、M20、M21），保存完整，结构相同，均为南北向。墓道朝南，墓室平面呈长方形，均为一椁双棺，棺木置于椁室后半部，随葬品放在木棺前。椁木修筑用材有别，M16与M21的椁木用材为长方形木板，M20的椁室及椁板均采用直径约50厘米的半圆木修筑，除棺椁外，在墓室东、西两侧竖立有直径18～26厘米的圆木用以加固墓壁。木椁墓不仅保存完整，随葬品亦较为丰富，类别有陶器、铜器、铁器及少量的玉器、石器。陶器以罐为多，另有壶、灶、盘、甑、釜等；铜器有壶、镜、带钩等；铁器有刀、剑；

玉器主要是装饰品，石器皆为石灯。

砖室墓2座（M1、M17），皆为单室券顶，均保存不完整，局部受损。墓壁砌法采用横平砖错缝相砌，底部铺砖为人字形铺设。因盗扰，墓内人骨甚凌乱，随葬品有陶灶、陶釜各1件及少量装饰品。

十六国时期墓葬共2座（M18、M19）。均为洞室墓。M18为不规则形，由墓门、墓道与墓室组成，墓道位于墓室南部，已在施工中被毁，墓门位于墓室西南角，弧形，宽1.2米，用长方形土坯封门；墓室东西长3.8、南北宽2～2.78、高2.75米。墓室西北部有一东西向土台棺床，长3.04、宽1、高0.2米，台上置一梯形木棺，长234、宽46～70、高40厘米，棺下东、西两侧各用一根木棍支棺；棺内葬2人，均头西

M20椁盖

M20椁室全景

M21 墓室全景

M21 出土漆器

脚东，墓室西南部填土内另葬1人，头南脚北，无葬具。随葬品有陶壶1件、铜钱及石饰各1枚。陶壶，细泥灰陶，口已残，细颈，圆肩，鼓腹，平底，腹部有对称双耳，肩部、上腹部、腹中部饰三道横凹弦纹，残高22、底径8.2厘米。铜钱锈蚀严重，字迹不清。石饰，圆形，大小如铜钱。M19为不规则椭圆形竖穴土坑墓，南部已残，东西长2.6、南北残宽2米。墓内有梯形木棺一具，东西向摆放，残朽仅存痕迹，残长148、宽34、高25厘米，棺内葬1人，头西脚东。随葬品有陶器、铜钱、铜带扣等。陶器为陶壶、残陶罐、陶盘各1件。陶壶，泥质灰陶，盘状口，高细颈，斜圆肩，平底；器口径8.4、底径9、高26.5厘米。陶盘，泥质红陶，敞口，斜直壁，平底，口径11、底径8厘米。铜钱1枚，

朽甚字迹不清。铜带扣1件。

汉代墓葬从木椁墓及砖室墓的墓形结构特点以及伴出的随葬品分析，与大通上孙家寨汉墓西汉晚期墓至王莽前后的墓葬相类同，故断定其年代亦属这一时期。山陕台汉墓的发掘，为进一步研究西宁地区汉代文化及历史增添了新的资料。

十六国时期墓葬在青海地区当属首次发现，M18、M19的发掘填补了这一时期在青海地区考古工作的空白。这两座墓葬无论从墓葬形制还是出土文物都带有古代鲜卑族的明显特征，这在与外省区同类墓葬的比较中可得到印证。如M18、M19墓葬形制与山西大同七里村北魏墓群中的长方形斜坡土洞墓墓形相似[①]；此外，这两座墓葬中共出的灰陶壶与山西大同七里村北魏墓群中的陶平沿壶及山西大同沙岭北魏壁画墓出土的素陶

M19 出土灰陶壶

M16 出土铜镜

M17 出土灰陶灶

M20 出土铜镜

M21 出土灰陶灶

M21 出土铜镜

M21 出土铜壶

M21 出土铜带钩

M16 出土玻璃剑璲

壶（M7：15）器形风格相近[2]，另据文献记载，鲜卑人进入青海地区的鼎盛时期是十六国时期。由此，推测这两座墓的年代大致在十六国时期。

山陕台墓地的发掘对研究当时西宁地区人们的生活情况、丧葬习俗、人口流动、资源环境等诸方面提供了宝贵的资料，特别是 M18、M19 的发掘，因十六国时期的墓葬在青海省内极为少见，所以此次发现极为重要，为研究青海省及西宁地区的历史提供了宝贵的实物资料。

注释
① 大同市考古研究所《山西大同七里村北魏墓群发掘简报》，《文物》2006 年第 10 期。
② 大同市考古研究所《山西大同沙岭北魏壁画墓发掘简报》，《文物》2006 年第 10 期。

撰文：陈海清

西宁南山路钰兴花园墓地

钰兴花园墓地位于西宁市南山路 8 ~ 12 号，2004 年 11 月 12 日，青海省宝光房地产开发公司在住宅楼基建工程中，发现了砖砌的古墓葬，随即上报青海省文物管理局，青海省文物考古研究所即派专人对墓葬进行清理。工地领队陈海清，工作人员胡晓军、王倩倩、袁桂青、陈红涛、刘小强。

在墓地共发现 3 座墓葬，其中 1 座为砖室墓，2 座竖穴土坑墓为清代墓葬。海拔 2260 米。

砖室墓方向 20°，由墓道、甬道、墓室组成。墓道呈长方形坡状，位于墓室南侧，长 3.7、宽 1.48 米。甬道券顶已被破坏，应为早期盗墓所致，甬道长 0.74、宽 0.92 米，顶残，现存高 1 米。墓室平面为弧边正方形，边长 3.06 米，顶部残，墓壁

M2 墓室

砖墙砌法为平铺错缝，从 1.6 米处起券；墓室北部砌有棺床，南北宽 1.24 米，高 0.5 米。棺床上置木棺 1 具，仅留棺痕，木棺呈梯形，西宽东窄，长 210、宽 54 ~ 36 厘米，未见棺盖痕迹。人骨不完整，零乱置于填土内及木棺底部，仅有一个下颌骨与部分肢骨。

出土器物 2 件，1 件双耳灰陶壶，1 件白瓷碗。陶壶为砖红胎灰陶，小喇叭口，细颈，圆肩，鼓腹，对称双腹耳已残，平底，器身可见刮削痕，器高 31、口径 8.6、底径 11.8 厘米；瓷碗为乳白色，

出土白瓷碗

敞口，圆唇，壁略斜直，圈足，碗口径 11、底径 3.7、高 3.5 厘米。

由于这座墓葬在早期被盗及顶部损毁严重，且出土遗物非常少，因此对此座墓葬年代的分析，主要是根据墓内出土器物进行推测，墓内出土的白瓷碗其质地与器形具有宋代同类器之特征，因此我们将这座墓葬的年代初定为宋代。墓中所出双耳灰陶壶，目前在青海地区尚无同类器物可作对比。

青海地区东部在宋代主要由唃厮啰人控制，并与宋王朝有密切往来，在南宋时金、西夏曾相继占领该地，直到元朝统一。宋代墓葬在青海省极为罕见，而在西宁地区当属首次发现，它对研究青海省及西宁地区的历史提供了宝贵的实物资料，而且我们也期颐有更多的考古新发现，为这个时期的年代断定提供有力的依据。

撰稿：陈海清

出土灰陶壶

大通寺堂遗址

　　寺堂遗址位于大通回族土族自治县宝库乡寺堂村西部，处于国道 227（西）宁张（掖）公路 77 公里西侧 200 米的一个小山包上，当地俗称"疙瘩地"。遗址台地呈冲积扇形，海拔 2871 米。遗址东 10 米处有一清代古城堡，古城堡与村庄相连，西约 150 米为宝库河，遗址高出河床 30 米，河西岸为桦林台，生长着茂密的桦树和其他灌木，南北为河谷地带，地势狭窄，来自于祁连山脉的达坂雪山融水径流此河，水流湍急，落差较大，河水东南流。宝库河东岸均为高山，山顶的积雪只有在每年的七八月间才消融，属高山地区，当

地居民多为土族。

　　为配合青海省水利建设项目"引大济湟"黑泉水库的前期工程建设，青海省文物考古研究所于 1997 年底，对库区进行了考古调查工作，在库区的大通河东岸第二台地上发现寺堂遗址。2000 年 4 月，考古工作者对该处遗存进行了考古勘探和抢救性考古发掘，工作历时 6 个月，发现环形壕沟、瞭望台和房屋居址等文化遗存。本次发掘领队吴平，参加人员胡晓军、王忠信。

　　环形壕沟为环形闭合式壕沟，环瞭望台外围挖掘。壕沟直径 35 米，剖面呈倒梯形，口大底小，

遗址全景

发掘现场

领导参观发掘现场

瞭望台

上口宽 5.5 ～ 5.8、底宽 1.8 ～ 2.35、深 2.45 ～ 2.7 米。壕沟内淤泥层较厚，在壕沟底层有少量生活废弃堆积，出土文物极少，仅发现 3 件骨器。壕沟西北部已被施工单位取土破坏。

瞭望台位于环形壕沟中部，居于此遗址的最高点。现呈八边形夯土台，直径 12、残高 1.6、边长 5 米。由于长期侵蚀和耕种，瞭望台外形略呈圆形，底部各边保存较好，八边形清晰可辨，中部略隆起，建筑方式为夯筑，现存夯层 5 层。夯台立面留有夯筑时的圆木痕迹。夯层分别用黑、黄两种不同土质交替叠压夯筑而成。夯土台有一周宽约 1 米倒塌的环形块状红烧土带，并掺杂有大量的木炭、极少许兽骨及小砂石，这一现象表明该遗址可能遭到过大火的焚毁和人为的破坏。

在壕沟内和瞭望台的东南处发掘房址 4 座。建筑材料为石、木。建筑方法为采用密集挖柱洞方法，柱洞一字排开，有一定的间距，其后在木柱涂上草拌泥，形成木骨泥墙。石块挑选扁平石用于室内。

出土遗物较少，共 28 件，多出土于 F2 的室内，出土时残损严重。其种类有陶器、铁器、石器、铜器、骨器。铁器所占比例较高，多为生产工具，有铁钉、铁锤、铁刀、铁镰、铁锄。陶器 4 件，器形较大，多为素面，其中一件器表饰等分弦纹内添四条垂帐纹，器内壁有明显的制陶时留下的陶拍圆点痕迹。器形特征与陕西省第三印染厂出土的唐代陶器一致[①]，石器有石杵、砺石、石磨。兵器有铁甲片、

F2 全景

F2 中木骨泥墙

现场清理铁甲片

铁甲片出土现场

小铁刀、铁箭镞。其中铁甲片共发现 336 片，铁甲片出土时凌乱无序，甲片锈蚀严重，长短宽窄不一，穿孔眼有 8 ~ 14 个。在青海省都兰县热水乡血渭唐代吐蕃墓中出土了类型相同的铁甲片。

该遗址由环形壕沟、瞭望台和房屋居址三部分组成，其功能具有军事关卡的作用。通过此

F2 出土灰陶大瓮

F2 出土铁铲

F2 出土铁矛

次考古发掘搞清了遗址壕沟、瞭望台和房屋居址的结构，依遗址现象分析，遗址残存大量的木炭和被大火烧过的房体建筑，特别是 F2 室内的石磨被有意砸损几段，可能是毁于战争。从遗址所处的地理位置及遗址建筑的结构分析，遗址建于冲积扇形成的前出台地上，台地高出河床约 30 米，南北为河谷地带，地势狭窄险峻，此地带更利于设置军事关卡。当地居民多为土族，土语称为"纳卡"，汉译意为关卡。寺堂遗存的所在位置是由西宁通往河西地区必经的唯一通道，该遗址可能是唐代在此通道上设置的一处军事关卡。

注释
① 杨军凯《陕西省第三印染厂的两座唐代墓的清理简报》，《考古与文物》1972 年第 5 期。

撰文：胡晓军　吴平　王忠信

德令哈尕海墓地

尕海墓地是在配合西宁至格尔木铁路复线应急工程建设的考古调查中新发现的一处文物点。该墓群位于海西蒙古族藏族自治州德令哈市东南约14公里处，西宁至格尔木铁路从墓群中部穿过。墓地背后是高耸的乌祖可特力山，山前是广阔的山丘冬季牧场，墓地靠山面水，南侧约1公里是德令哈市至都兰县公路，隐约可见尕海湖。当地草场沙化严重，部分地区已成沙漠，墓群所在地区地表植被主要为白刺、骆驼草、细茎草，部分地区发现野葱、麻黄草等。

2005年10月4日～11月8日，为配合西宁至格尔木铁路复线应急工程建设，在青海省文物管理局的组织下，青海省文物考古研究所组成考古队，对铁路建设涉及的德令哈市尕海镇墓群进行了为期36天的抢救性考古勘探、发掘工作，按期完成了铁路建设涉及的尕海镇墓群文物保护工作。

鉴于此次发掘工作量大、时间紧、条件艰苦等因素，青海省文物考古研究所副所长任晓燕担任此次考古勘探、发掘工作总领队，李国林担任执行领队，闫璘担任执行副领队，发掘人员有青海省文物考古研究所卜玉凤、苏得措，海西州民

墓地地理环境

墓地远景

考古驻地合影

M1 墓室

M2 墓室

M6 墓室

族博物馆李特尔、辛峰。

经考古勘探，在铁路建设区域内共发现墓葬6座，全部进行了发掘清理。这批墓葬根据墓葬形制特点可分为竖穴土坑墓和石丘墓两种。竖穴土坑墓5座，主要分布在山根、山脉与山前冲积扇形成的既与山体相连又独立分布的山梁之上。墓葬开口于表土层之下，墓室长 2.0 ~ 2.8、宽 1 ~ 1.8 米，距地表 1.2 ~ 1.8 米。部分墓葬有长方形榫卯结构的木棺葬具，棺下还有横置的垫木；有些墓葬无葬具。由于墓葬均遭盗扰，葬式不详。墓内出土了青铜器、铁器、丝织品、木制品、棉毛制品、牛皮饰品等珍贵文物 30 余件。竖穴土坑墓形制基本相同，头向、墓葬方向基本一致，时代接近，具体时代根据 M5 中出土的衣服残片花纹和 M1 中出土的铜泡、铜牌饰等遗物分析，初步确定为宋元时期。举 M1、M4 为例：

M1 为竖穴土坑墓，开口于表土层（表土层厚 0.02 ~ 0.03 米）之下，方向 0°，墓底长 2.14、宽 1.12 米，距地表深约 1.7 米，已被盗。盗洞呈东西向，长约 2.8、宽 1 米，人骨、衣服残片散布盗洞之内，墓室被严重扰乱。随葬人骨 1 具，葬式不详，人骨初步鉴定为一女性，20 ~ 25 岁。随葬品残存有铜器、铁器、衣服残片、装饰品等。衣服大部分已成残片，其中一件上衣（M1：13）保存较为完整，目前正在处理之中。另有铜泡 13 件、铜牌饰 1 件、铜耳坠 3 件、铁马镫 1 件，还有皮制饰品与桦树皮制品各 1 件。

M1 出土铜牌饰

M1 出土铜泡

M1 出土铜泡

M1 出土铜耳坠

M3 出土铜指环

M5 出土铁剪刀

M1 出土铁马镫

M1 出土上衣局部

M1 出土上衣袖部

M1 出土上衣袖部纹饰

M1 出土上衣袖部织物内的片状金属线

M4 位于 M3 东南，与 M3 相距约 1.5 米，平面呈圆角长方形，方向 340°，墓口长 2.1、宽 1.08 米，墓底长 2.6、宽 1.08 米，距地表深 1.7～1.9 米。有榫卯结构木棺，棺板厚约 5 厘米，棺底铺一层白灰，棺下有横向垫木两根，长方体，长 80、宽 5、厚 5 厘米。墓内葬一具人骨，初步鉴定为女性，年龄约 40 岁。人骨已遭盗掘扰乱，葬式不详。残存随葬品有铜指环（已糟朽）、石纺轮 1 件、木器 1 件、料珠 2 件、木钉 2 件、绳索 1 件以及衣服残片、残铜器等。

石丘墓（M2）1 座，位于现有铁路北侧约 40 米的半山腰山谷的斜坡之上。用石块平地堆成，平铺一层石块，其上放置尸骨，无葬具，直接堆积石块形成石丘墓葬。平面呈椭圆形，长径约 2.4、短径约 1.8 米，高出地表约 0.4 米，墓葬方向 127°。因墓葬已被盗，人架扰乱，葬式不清，无随葬品。石丘墓由于缺乏直接断代的遗物，时代待考。

这批墓葬虽遭盗扰破坏，但其特有的墓葬形制和随葬方式等对研究宋元以来当地的丧葬习俗、

M1 出土皮饰

M4 出土石纺轮

M4 出土料珠

M4 出土皮绳索

墓葬形制依然是一批重要的新材料，尤其是石丘墓葬，属青海省的首次发现，具有十分重要的研究价值，对研究德令哈地区古代民族的迁徙等具有十分重要的意义。

墓葬共出土生产工具、生活用具、装饰品等各类珍贵文物 30 余件，其中铜器有铜泡、耳坠、牌饰、指环等，铁器有剪刀、马镫等；石器有石纺轮，棉毛制品有衣服残片、棉袜等，此外还有牛皮饰品、桦树皮饰品等。M1 中出土的一件服饰基本完整，纹饰精美，织物中夹杂有金属线，织法独特，是历年来不多见的重要发现之一。这些珍贵的出土文物资料为研究本地区的社会习俗、经济生活、埋藏方式等提供了重要的资料。

撰文：李国林　闫璘

大通大哈门明代柴氏家族墓

大哈门明代柴氏家族墓，位于大通回族土族自治县黄家寨乡清水沟娘娘山东麓的大哈门村。1976年为配合大哈门水库建设，青海省文物考古队（现青海省文物考古研究所）在卢耀光的组织带领下对该墓地进行考古调查发掘。根据1958年调查资料，该家族墓地有土墙围绕一周，东西长88、南北宽50米，内有封土堆35个，并有石牌坊、石碑、石人、石马、石狮等，具有一定的规模。而此次调查发现该墓地昔日的规模已荡然无存，仅残留数个封土堆，所以仅发掘了位于墓地中部的4座墓葬，编号为M1～M4。

通过对墓葬中出土的墓碑文考证，M1为明代晚期总兵柴国柱之墓，M2为其母亲之墓，M3为其长子柴时秀之墓，M4为其次子柴时亨之墓。四座墓包括了柴氏家族三代人，出土了一批锡器、铜器、木器、玉器、墓碑等丰富的文物，计168件，铜钱96枚。特别是一些铜器、玉器，为青海省首次发现，丰富了明代历史文物的研究资料。

M1方向315°，为石室棺椁墓。石室建在长4、宽2、高4米的土坑中，四壁利用八层黄褐色砂岩石条错缝平砌而成。左右两壁的石条一般宽34～40厘米，前后两壁石条稍窄，约24厘米，墓底土层经夯实后再铺石条，顶部用11块长150、宽40厘米的石条横向搭盖。石室内壁总长3.5、宽1.57、深1.8米，外壁以三合土、砂石夯实。墓室东为长方形缓坡墓道，长6、宽2、深4

柴氏家族墓出土的锡器

米，且用石块填塞，最大石块体积近 2 立方米，墓道和墓室之间设有甬道，故墓室实为石廊。石室底部镶有厚 6 厘米的地板层，上置一棺一椁，整个椁长 266、宽 136 厘米，板厚 10 厘米，高度不详。椁内外皆髹漆成红色。棺内用麻布作地，再髹红漆，棺外则髹黑漆并描绘金黄色花纹。棺底有尸床，上置一具全身用多层丝绸绢缎之类衣物包裹成柱状的成年男性骨架，衣物多有花纹图案，因腐朽已甚，混浊不清，均未采集。墓室内有不同质地随葬品 64 件，万历通宝 23 枚、天启通宝 11 枚。墓志一方，系红砂岩石料凿成，长宽均 60、厚 8 厘米，志盖阴刻篆书："大明特进光禄大夫柱国少保镇守甘固山海挂平羌征夷两将军印总兵官中军都督府左都督柴公莪峰奉谕葬墓志铭"，尾书"天启陆秀龙集丙寅春壬正月二十二日丙寅葬"，墓志铭阴刻楷书 44 行，满行 42 字，共 1643 字，内容记述柴国柱的生平事迹，其生前官至武级一品，寿年 57 岁。

M2 方向 323°，为平面呈凸字形有前后室的砖券墓，前室横券、后室纵券且以甬道相通，其上用 15 根直径约 25～30 厘米的圆木棚盖。墓室东部为墓门，宽 1.37、高 1.86 米，用错缝平铺的青砖封门，墓门以上砌有仿木结构的砖门楼，墓门两侧砌成垂花、梁头、檩、檐、枋等。墓门、前室、后室之间均有甬道相通，前甬道长 0.75、后甬道长 0.34

M1 出土铜锅、灶

M2 出土铜锅、灶

M2 出土铜火盆、筷子

M1 出土铜盆

M1 出土铜盆

M2 出土铁锅

米，高度与墓门相同。墓门之东有长方梯形墓道，上口长 10.8 米，底坡长 9.78、宽 1.9 米，墓门最深为 5.2 米，墓门外有一块长 3.2、宽 2.6 米的平地。墓道下半部填满巨石，石块缝隙灌以三合土，上半部以砂土、石灰掺和夯实。后室内用七块厚 0.1 米的枋木满铺成地板，上置棺椁，椁为松木，内外皆髹红漆，上盖淡黄色绸布一块，椁长 288、宽 104、高 142 厘米，板厚 10 厘米；棺为柏木，完整无损，长 202、宽 65～67、高 120 厘米，板厚 12 厘米，棺内髹黑漆、外髹红漆绘花鸟图案。棺内有仰身直肢老年女性人骨架一具，穿着多层衣裙，上覆白布一方，头有白布覆面，周围放有用白布装成的砖袋、谷灰、松香等。随葬品分别在棺内人骨架周围，有不同质地的随葬品计 58 件，万历通宝 6 枚。墓志一方，志盖正中篆刻："明诰封一品太夫人柴母赵氏墓志铭"，上下款楷书："万历乙卯岁秋，捌月乙己朔葬"，志楷书直行 43 行，满行 40 字，共 1331 字，内容记述了柴母赵氏的生平等，其生前被封为一品太夫人，寿年 77 岁。

M3 方向 315°，墓室结构、规模及棺椁形制、髹漆色调均同于 M1。墓室底部用长短相间的横向石条错缝平铺，四壁亦用 8 层石条错缝平砌，顶盖石条 11 路搭盖。石室内置棺椁，椁长 262、宽 124 厘米，板厚 8 厘米；棺长 236、宽 85～103 厘米，板厚 9 厘米，棺内有仰

M1 出土桃形玉雕饰

M1 出土葬玉钱饰

M1 出土玉带一套

M1 出土玉簪

M2 出土玉簪

M2 出土球形白玉扣

M2 出土玉扣饰

M2 出土托金玉纽扣饰

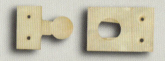

M2 出土玉扣饰（素面）

M2 出土玉耳环

身直肢一男性骨架，骨架除多层衣物外亦用数层绸绢包裹。墓室内有不同质地随葬品23件，墓志一方，志盖篆体阴刻："大明故龙虎将军镇守山海地方付总兵官中都督府都督佥事维实柴公墓志铭"，尾刻："天启柒秀龙集丁卯拾月二十二日葬"，志楷书阴刻直书40行，满行48字，共1447字，记述了柴国柱长子柴时秀生平事迹，生前为龙虎大将军，终年40岁.

M4方向315°，墓室规模、结构及棺椁形制、髹漆色彩均同M1、M3。墓室长3.50、宽1.64、深1.86米，墓室底部错缝平铺横向石条，四壁错缝平砌9层石条，顶部用12路石条封盖。石室内置棺椁，椁长245、宽93米，板厚9厘米；墓棺长218、宽74～69厘米，板厚9厘米，棺内外髹漆，里黑外红，外绘黄色花鸟图案，内置一全身以丝绸扎裹仰身直肢葬的中年男性。墓室内有不同质地

M1、M3出土木瓶

随葬品19件，万历通宝34枚，天启通宝22枚。墓志一方，志盖阴刻篆书："明昭勇将军柴仲公继莪墓志铭"，尾刻："天启陆季龙集丙寅春五正月二十日丙寅葬"，志阴刻楷书34行，满行31字，共888字，记述了柴国柱次子柴时亨的生平事迹，生前被封为昭勇将军，终年33岁。

根据柴氏三代墓志铭记述，柴氏家族明初由山东迁来青海时已有承袭的户侯之爵，至柴国柱父亲柴伯森时，仍"官百夫长"，故柴国柱能得"以长应先爵"。这说明柴氏家族迁居青海200多年，其家境甚好，一直在承袭官爵，柴国柱墓志记述：起家于百长，凡百二十余战，遂累升为稷将，为贰帅，为大将军，后加中军都督府左都督，特进光禄大夫柱国少保，已至武职极品；其长子柴时秀、次子柴时亨也官至龙虎将军、昭勇将军；其柴氏女眷也因母以子贵，妻因夫荣而都成为"一品太夫人"、"一品夫人"；其儿女姻亲也多为总兵、参将、游击、守备之类。所以，柴氏家族在青海的200多年里，其地位显赫，权势空前，不愧为"名门宦族"。这一点亦从柴氏家族墓中出土的随葬品可见一斑，丰富的随葬品有他们生前的生活用品，也有希望死后能继续享受奢华生活的明器，其中不乏一些文物精品。比如工艺考究、做工精致的铜锅灶、铜火盆等铜器，大小不等、形式各异的锡质明器，形态逼真的木俑及其

M3出土木俑

他木器等明器。最值得关注的是出土了一批精美的白玉器，有玉带1副、玉簪3枚、桃形透雕玉佩饰1件、玉扣饰2副、托金玉纽扣2枚、圆形纽扣饰5枚、青白玉砚台等数十件玉器精品。比如：小巧玲珑的托金玉纽扣，其质洁白细腻，金镶玉华丽生辉。它是用长宽约1、高约0.7厘米的玉柱体磨去八个角形成12刻面，中部再贯通一孔，上下金片镶托以金丝串联在一起，下部的金片被锤揲成梅花状，上部金片被穿出的金丝扭结成环状。雕花子母扣饰精巧别致，它在两块长方形玉片前端磨制成榫卯，后端刻成蜜蜂状，母卯一头刻成空心花瓣状，子榫一头则刻成花蕊状，榫卯相套恰成葵花一朵，形成两蜂衔花扣饰。马蹄形青白玉石砚，长18.4、高3厘米，一端有墨槽，底部则根据原材的形状琢磨出3个自然突起的乳状足，墨池略呈斜面，造型朴素，厚重大方，为文房玉器。最精彩的是一副20块白玉带板组成的素面玉带，它无论从玉质、琢制工艺都最为精美。每块玉带板玉质晶莹温润，洁白无瑕，规整均匀，而且表面玻璃光泽强烈，背部为磨砂面，钻有象鼻眼数对，眼内残留铜绿锈。其中一头呈椭圆形的铊尾两块，长12.1、宽4.2、厚0.45厘米；

长方形排方8块，长7.35、宽4.2、厚0.45厘米；长条形辅弼4块，长4.2、宽1.9、厚0.45厘米；圆桃6块，最大径4.2、厚0.45厘米。根据《明史·舆服志》记载，玉带在明代的使用有严格的规定，使用什么质地的革带又是区分官员品轶的重要标志，文武官员按九品官阶分别使用不同质地的革带，一品玉，二品犀，三品四品为金，五品银级花，六品七品银，八品九品乌角。柴国柱生前战功显赫，官至一品，佩玉带与文献资料是相符的。所以，这四座墓葬能出土众多精美的和田玉玉器，足以证明柴氏家族当时显赫的社会地位。

大哈门明代柴氏家族墓规模大，墓室结构特别，所发掘的四座墓葬形制基本一致，丰富的出土文物填补了青海地区明代考古资料的空白，所出土的一副完整的素面白玉带，目前尚属青海地区首次发现。通过这次发掘，为研究青海地区明代的社会生活习俗、葬俗、舆服制度、官轶制度及服饰文化提供了重要的实物资料。出土的四合墓志铭，也为研究中央王朝对青海地区的管辖、戍边等提供了难得的文献资料，具有一定的历史研究价值。明代柴氏家族墓的清理发掘是青海省明代考古工作的重要收获之一。

撰文：卢耀光　崔兆年

西宁嘉荣华明代张氏家族墓

嘉荣华张氏家族墓地位于西宁市城东区经济开发区的嘉荣华阳光小区内，西侧为南滩小园山，西南为纳家山，北侧紧邻昆仑东路，东南为九眼泉自然旅游区，地势南高北低。

2005 年 5 月底，青海省鼎泰房地产有限公司在西宁市城东区经济开发区嘉荣华阳光小区 15 号楼建筑工地推土中发现了一座石像生，青海省文物管理局及青海省文物考古研究所立即前往现场调查，经协调，青海省文物考古研究所组队对该小区建筑用地进行考古勘探及发掘工作，领队王倩倩，发掘人员孙小妹。

经勘探，本墓地发现土坑墓葬 14 座，墓葬编号为 M1 ～ M14。对 M1 ～ M11 墓葬进行了考古发掘，另外 3 座墓葬破坏殆尽，未予发掘。已发掘的 11 座墓葬年代为明清时期。

发掘的 11 座墓葬中有 10 座土洞墓，仅 1 座墓道为台阶状，其余墓道均为长方形土圹。墓口距地表约 4.5 米，墓口以上部分被建筑施工单位用挖土机挖掉，墓葬直接打破生土层。墓室一般为圆角长方形，长 1.7 ～ 4.06、宽 0.56 ～ 2、深 0.54 ～ 3.6 米。墓内填土以黄褐色土为主，夹杂黑土颗粒的五花土，土

质坚硬，结构紧密，呈块状，但未经夯筑。

11 座墓葬分布比较集中，墓葬多东西向排列，仅 M7 为南北向（墓道在墓室北端）。其他 10 座墓葬的墓道均在墓室东端，其中 5 座墓道的南北

M3 墓室全景

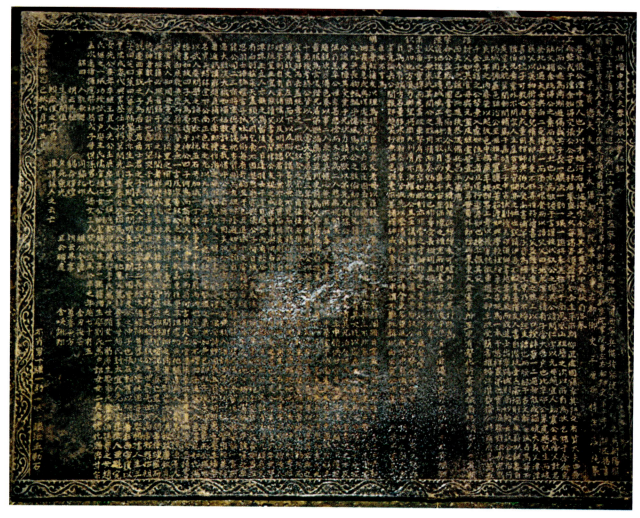

M11 出土墓志铭

两侧坑壁上留有脚窝。

墓室内均发现木质葬具，葬具保存完好。其中 7 座为一棺一椁，3 座为单木棺，1 座葬具情况不明，有的用木板封门。椁棚多数已腐朽，M1 墓葬椁板上残留彩绘图案，彩绘大部分脱落，图案无法辨别。墓室内木棺多为梯形，也有"井"字形木棺，相接处采用榫卯结构，一般用木板围成长方形，多数有棺盖棺底。从棺板剖面上看，有的有脚挡板，脚挡板有的是用几层薄木板拼合而成，有的是一块整木板。

11 座墓葬中，M1、M2、M3、M6、M7、M9、M11 葬式为仰身直肢葬，M4、M8 葬式不明，M10 上身仰身，无下肢，M5 为火葬墓。除 M7

头南足北，面侧向东北外，其余一般面向上，头西足东。但是每座墓葬情况又有所不同，其中 M1、M6、M7、M9 四座墓葬人骨上下肢均为直肢，M7 头骨砸碎，M3 人骨整体葬式是仰身直肢，局部骨架被扰乱，M10 人骨上身直肢，下肢残缺，M2 人骨右腿长，左腿短。

墓葬随葬品较少，出土铜钱 14 枚，其中顺治通宝 3 枚、万历通宝 9 枚、五铢 2 枚。M1、M11 出土完整墓志铭各 1 方，均一盖一底，下底上盖，底刻志铭，盖刻标题。还发现铁锹 1 件、角饰 1 件。

M11 志石长方形，长 110、宽 90、厚 20 厘米。志盖文字用篆书书写，志盖标题为"明显考中宪大夫山东布政司左参议兼按察司金事前工部尚书郎春谷府君张公墓志铭"。书写者为"赐进士第资德大夫太字少保都察院掌院事左都御史三原乡恃生温纯篆"。志文用楷书竖行书写，字迹清晰，共57行，满行顶格，每行47个字。经考证其墓主人为明代的张问仁。志文首先介绍了张问仁的生平事迹。张问仁于明世宗嘉靖壬子年（1552年）中进士第，并于同年出任山西阳城县县令。他上任后，兴办学校，培养人才，调节民事纠纷。他以身作则，廉洁奉公，因而受到了百姓的好评和爱戴。于是"以邑称廉平"。张问仁奉命赴江淮征收茶盐税款。期满时有羡余（收入余额）1.5万两黄金。按照当时常例，主管官占有这些余额是不算什么问题的，但是张问仁分文未取，全部如数上缴了国库。因其政绩优良擢升为山东按察使司金事。张问仁晋升河北昌平兵备参议一职任内活动。他上任后，立即着手整顿地方，"饬戎政，除豪猾"，不多久，便出现"问遗无所授，请寄无所听"的良好局面。由于为官过于廉直，后来遭到忌恨者的诬陷，被罢职回家。其次，介

绍张问仁还是一位颇有才华的学者、诗人。他一生著有《河右集》八卷、《闷子集》若干卷。最后，追溯了张氏家族的渊源及世系。张氏为湟中名望家族，其先人是河南郑人，后张锐迁来西宁，遂在此安家。锐生了居士君，居士君有两个儿子。长子叫张文，次子叫张武，即张莱的祖父。张武生张经，号道器公，道器公娶杨氏，生了三个孩子。长子叫张芝，号瑞菴；次子就是张莱；三子叫张蕃。张莱生有三子，即张问达、张问仁和张问明。张问仁生有四子，即张一骥、张一豹、张一珉、张一鑑，并有二女。张氏在郑县的时候，就是诗礼世家，而道器公在西宁也是儒业闻名[①]。

此外，在进驻工地之前发现了明张母孺人杨氏墓表（经考证为张芝之母）。发掘过程中在建筑堆土中还发现了张莱墓志铭，明代张母赵太宜人墓志铭，墓志发现地点距发掘区域约15米。原墓葬均已被毁，其形制与结构等均不详。

根据墓葬形制及出土随葬品来判断，这批墓葬的年代为明清时期。如M1墓志言："享年七十有一"，其墓志立于弘治十四年（1501年），

M11 出土墓志志盖

墓地中发现的石像生

张莱墓志铭拓片

可知其生于1430年。M11墓志言："公卒之年，越年七十有五。"其墓志立于明万历三十三年即1605年，据推算公生于明世宗嘉靖年间即1531年。M3出土3枚顺治通宝，可知M3的年代为清代早期。M4、M6、M10均出土万历通宝可知其年代为明代。其余几座墓葬形制与上述墓葬基本相同，故推测其年代大致为明清时期。综上所述，

嘉荣华阳光小区张氏家族墓的年代为明清时期。

嘉荣华阳光小区张氏家族墓地，据M11出土的墓志铭，经考释其墓主为明朝张问仁，明代进士，字以元，西宁春谷人。张问仁于明世宗嘉靖壬子年（1552年）中进士第，丙辰年考中进士（1556年），并于同年出任阳城县令，政绩优良，提升为管水利的尚书郎，后任山东按察司佥事，

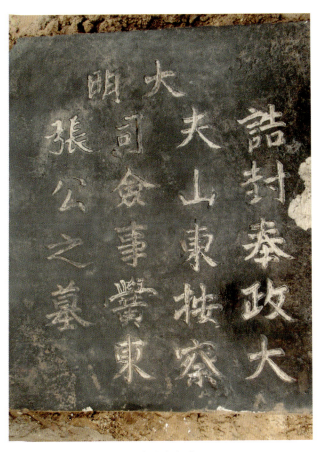

张莱墓志志盖

张母赵太宜人墓志铭

后晋升河北昌平兵备参议一职，其家世为西宁地区名望家族，杨应琚曾说："湟中家风，以张氏为最矣。"这批墓葬的发现为研究西宁地区明清地方史、张氏家族史、明清时期的官职及丧葬习俗等提供了重要的资料。

注释

① 赵宗福《青海历史人物》，青海人民出版社，2002年。

撰文：王倩倩　孙小妹

编 后 记

《再现文明——青海省基本建设考古重要发现》一书，回顾总结了青海省基本建设考古发掘及研究成果，集中展示了青海省在经济建设发展中文物保护事业取得的成就、基本建设考古在其中发挥的积极而重要的作用，呈现了数十年来青海省考古工作者辛勤工作的成果。

本书分为史前时期与历史时期两部分（史前时期：中石器时代、新石器时代、青铜时代；历史时期：上限迄于西汉，下限至明代），介绍了32项重要考古收获。采用了图文并茂的表现形式，追求了文字的严谨性与资料的客观性，力求在有限的版面内较全面地反映出青海省基本建设考古的主要成果。

全书由任晓燕主编、策划编撰、修改加工、统稿审定，副主编贾鸿键、王倩倩负责了图版照片的择选及图版文字的校对，肖永明、乔虹对文稿初稿进行了仔细的订正修改。撰文作者大多是各项目的发掘领队或发掘者。大部分器物摄影由文物出版社承担。文物出版社编校审人员，为此书的编辑出版付出了诸多辛勤的工作。在此一并诚致谢意！

编 者